Ingeborg Christel Spiess

Eure erste Erde ist nicht mehr...

Ingeborg Christel Spiess

Eure erste Erde ist nicht mehr...

Verlag
LILA Das göttliche Spiel

Herstellung: Books on Demand GmbH, Norderstedt
für Verlag LILA Das göttliche Spiel
Bestelladresse über E-mail:
webmaster@muetter-und-vaeter-der-welt.de
oder über die Websites:
www.verlag-lila-das-goettliche-spiel.de
und www.muetter-und-vaeter-der-welt.de
Telefon: 05821/992511 (falls sich die Nummer ändert, bitte auf die Website gehen oder auch die Telefonansage beachten) oder im Buchhandel über Books on Demand

Umschlaggestaltung Michael Blum, Uelzen-Westerweyhe
Quelle: (Bio)-Ei Michael Blum

Mondoberfläche
ID: AS12-H-47-6875
Autor: NASA Johnson Space Center of the United States
Quelle: www.wikipedia.org

Erde
ID: AS17-148-22727
Autor: NASA Johnson Space Center of the United States
Quelle: www.wikipedia.org

Lieber Michael, ich danke Dir auf diesem Wege ganz besonders für Deine Kreativität und Dein Verständnis für den inhaltlichen Wert meiner Bücher, die beide in der Gestaltung der Buchumschläge immer ihren höchsten Ausdruck fanden.

Die Autorin und Verlegerin ist auch für Seminare und Einzelsitzungen unter o.g. Telefonnummer oder unter oben genannten Internetpräsenzen und über die E-mail-Adresse zu erreichen.

ISBN: 978-3-0003128-7-8

„Das ewig Unbegreifliche an der Natur ist ihre Begreiflichkeit"
Albert Einstein

Liebe Leserin, lieber Leser,
hier ist nun das bereits seit ein paar Jahren aus der Sternenstraße angekündigte Buch mit Erklärungen darüber, wie der Kosmos arbeitet. Es ist mir von Christopherus, dem Oberhirten der Christusebene, der höchsten Ebene vor Gott, diktiert worden. Dieses Buch stellt viel altes Wissen von uns auf den Kopf. Das muss sein, damit wir uns immer weiter entwickeln und uns jetzt, für die Neue Zeit, auch zu einem Paradigmenwechsel aufmachen können. Zu viel ist in den letzten Jahrtausenden auf unserer Erde durch uns Menschen schief gelaufen, und zu viele Ansichten über die Welt sind in eine Schieflage geraten, so dass wir bereits kurz vor dem Kollaps unserer ehemals wunderschönen Mutter Erde stehen.
Es war mir vor dem Channeln schon klar, dass ich für dieses Buch, das mir vom Himmel vor ein paar Jahren noch mit dem Titel: „Aus der Sternenstraße – Wie der Kosmos arbeitet –“ angekündigt wurde und nun mit: „Eure erste Erde ist nicht mehr ...“ eine mitreißendere Titelveränderung erfahren musste, viele neue Erkenntnisse über die Welt durchgesagt bekommen würde, die ein wenig ungewöhnlich und vielleicht sogar schockierend sein könnten. Und ich freute mich darauf, mehr lernen zu dürfen.
Zunächst aber dachte ich, dass ich für dieses Buch viele mathematische und physikalische Erklärungen – also Zahlenspiele – durchgesagt bekommen würde, denn das wurde mir schon im Vorwege gesagt, dass es auch ein Buch sei, um die Wissenschaft damit neu anzuregen. Und damit verband sich natürlich meine Sorge, dass ich so einem Channelmaterial überhaupt nicht gewachsen sein könnte. Ich bin ja keine Astronomin, keine Mathematikerin oder Physikerin. Auch wenn mich viele Thesen der Naturwissenschaften immer beschäftigt haben: die Quantenphysik insgesamt, oder auch Sheldrakes Theorien über die Entstehung von Formen in der Natur, so fühlte und fühle ich mich als spirituelle Lehrerin aber auch immer den großen religiösen Mystikern

verpflichtet, die ihre Sicht von der Welt nicht in mathematische Formeln eingebunden haben, sondern in Bildern versuchten, die Welt erklärbar zu machen. Wie viele spirituelle Menschen heute, habe ich natürlich auch immer eine Synthese zwischen Mystik und Wissenschaft zu finden versucht. Ich bin ja schließlich auch ein Kind unserer heutigen Zeit. Als kosmisch initiierte Schamanin aber habe ich noch das zusätzliche Knowhow dafür erworben, wie man mit dem Himmel durch bestimmte Rückbindungstechniken in Verbindung gehen, und wie man für die dort lebenden Engel und Meister als Channel wirken und sie als ProfessorInnen des Himmels zu Wort kommen lassen kann. – Ich wünschte, jeder würde das lernen wollen, denn dann wäre uns eine phantastische Evolution garantiert.

Um meinen Bedenken, dass dieses Projekt mich vollkommen überfordern würde, entgegenzusteuern, befragte ich Christopherus, ein paar Wochen bevor ich mit dem Channeln loslegen sollte, ob ich für dieses Thema nicht ein wenig zu klein und damit vielleicht doch nicht so ganz geeignet sein könnte. Er antwortete mir am 23.8.'09 mit einer Parabel.

Zuerst aber meine Frage an ihn: „Wie mache ich das dann mit den mathematischen Formeln, schreibe ich die in den Computer oder mit dem Stift? Und kenne ich dann überhaupt die Zeichen? Muss ich dafür vorher noch in spezielle Mathematik- oder Physikbücher sehen, oder kann ich das dann einfach durch dich? Verstehen das dann auch die Leser?"
„Ach wie schön! Du fragst wie früher auch", kam die Antwort. „Wir werden sehen, wenn es so weit ist. Du brauchst keine Angst zu haben. Manche Erkenntnisse wirst du sofort verstehen, andere üben. Aber das ist gut so, du machst das schon. Wir wollen ja, dass du dich nicht all zu sehr anstrengen musst mit Sorgenfalten. Die Mathematikbücher sind dafür nicht hilfreich. Eher die Physik. Aber du schaffst auch das zu verstehen, weil ich mit Bildern ar-

beite und Beispiele gebe und die sind zum Teil auch sehr lustig. So wie folgende Geschichte als Antwort auf deine Frage, wie du selbst am Besten mit meinem Wissen umgehen sollst:

Eine Ente und eine Gans gehen in den Wald, und sie wollen dort ein Ei legen. Sie wollen dort auch brüten. Doch die Gans kann kein Ei legen, auch wenn sie es immer und immer wieder versucht. Dann kommt ein Wolf und fragt, soll ich dir helfen? Dummer Wolf sagt die Gans, du kannst doch kein Ei legen. Dann kommt eine Kuh. Dumme Kuh sagt die Ente, du kannst doch auch kein Ei legen. Aber dann kommt ein Schwan, und er legt einen goldenen Ring in das gerade frisch gebaute Nest. Und da setzt sich die Gans drauf und wartet und wartet. Sie brütet aber nichts aus. Nein, mein Kind – sie hat den goldenen Ring schon gefunden. Verstehst du? Sie muss kein Ei legen und auch nicht mehr brüten. Es ist alles bereits da! In dir!!!“

Und so begann ich den goldenen Ring anzunehmen und mit dem Channeln zu beginnen, das über drei Wochen ging, in denen ich pro Tag und in der Nacht mindestens fünf Mal den Computer zum Aufschreiben der Durchsagen anmachte, weil alles so spannend war. Da das Channelmaterial wirklich sehr außergewöhnlich ausgefallen ist, u.a. mit den Aussagen, dass es viele Gotte, aber immer einen Superdesigner gibt, dass es vor unserer Erde bereits eine erste Erde gegeben hat, die wir auch kaputt bekommen haben (dass wir das jetzt kurz vor dem Kollaps unserer zweiten Erde durchgesagt bekommen haben, macht für mich einen großen Sinn und zeigt die Verzweiflung der Himmelshierarchien an uns aufrütteln zu wollen), dass diese, unsere jetzige Erde, eine Kopie der ersten Erde ist, warum es so viele Sterne und Planeten gibt, was es mit dem Vakuum im Ei auf sich hat, dass die Dinosaurier eine Fehlschöpfung der Gotte gewesen sind (viel zu groß für unsere Mutter Erde, um sich dauerhaft auf ihr ernähren und damit erhalten zu können) und warum die vielen Gotte und auch die Todesgotte geboren werden mussten. Das waren wirklich viele Punkte, die selbst ich, die Ungewöhnliches vom Kosmos bereits kannte und für dieses Buch auch erwartete, erst einmal zu verdauen hatte; vor allen Dingen auch darum, weil diese Aussagen ja für die Öffentlichkeit gedacht sind, der *ich* standzuhalten habe.

Ich bin kein Phantast. Ich bin auf meine Weise auch eine Wissenschaftlerin, nämlich, eine intradisziplinäre Erforscherin der multidimensionalen Welt. Eher überprüfe ich ständig alles Gesehene und Gehörte und lasse es sogar lieber fallen, bevor ich damit an die Öffentlichkeit gehe. Christopherus hat im Text zum Buch öfter mal etwas dazu gesagt, warum er mich als Schamanin dafür ausgesucht hat sein Wissen zu channeln. Ich soll mit meiner Fähigkeit als Dimensionsflächenwanderin der Wissenschaft unter die Arme greifen. Ich soll ihr dabei helfen zu lernen, dass man die Welt nicht erkennen kann, wenn man sie nur mit dem physischen Auge sieht – auch nicht durch die Verstärkung durch Superteleskope oder Urknallnachstellungen (ob die Wissenschaft das glücklich annimmt, und auch als ihre Chance betrachtet?) –, denn erst, wenn man sich die feinstoffliche Welt ansehen kann, kann man das stoffliche Sein richtig erkennen. Christopherus will damit der Wissenschaft helfen, sich zukünftig um eine andere Art von Forschung zu bemühen, damit sie weniger gefährlich ist und auch schneller voran kommt; das ist ihm sehr wichtig! Dazu gehört u.a. auch für die Wissenschaftler dazu bereit zu sein, sich durch schamanische Reisen in den Himmel einzugeben, um von den dort lebenden ProfessorInnen des Himmels zu lernen, die durch ihre Nähe zu Gott schon von Natur aus besser dafür ausgestattet sind mehr über die Schöpfung zu wissen als wir. Das soll nicht als Kritikpunkt aufgefasst werden, sondern als eine Anschubsmöglichkeit für ein besseres Verständnis dafür, wie der Kosmos arbeitet, und dass dafür von uns immer eine tiefe Liebe für die höheren Schöpfungsebenen im Spiel sein muss, das ist doch klar. Ohne die geht eine echte Rückbindung (Religio) nicht.

Es wird auch noch eine zweite Nummer von diesem Buch geben (das ist mir privat, aber auch auf Seite 168 angekündigt worden). Nicht alle meine Fragen konnten jetzt schon ausgearbeitet werden, das hätte den Rahmen dieses Buches gesprengt. So zum Beispiel meine Fragen: Was es mit dem Bösen auf sich hat oder was die Rolle der Urengelmutter Elisabeth (Lisa) ist und hat Gott auch eine Gottin? Wenn es durchkommen soll, stehe ich wieder mit Freude für die Durchsagen zur Verfügung. Bis jetzt sieht es so aus, dass die Durchsagen dann von der Königinnenmutter Elisabeth (der höchsten Engelsköniginnenmutter) gemacht werden.
Außer der Überraschung darüber, dass es bereits eine erste Erde gab (und die musste sich natürlich auch für meine LeserInnen in dem neuen Titel niederschlagen), überraschte es mich auch, dass mit der Erde ein sich selbst erhaltendes System erschaffen wurde, in das – bis zu ihrem natürlichen Ende – kaum noch eingegriffen werden sollte, und dass die Engel (im Himmel und die inkarnierten auf der Erde) und die Menschen dafür gedacht waren, dieses System in Liebe und Respekt für unsere Erdmutter am Laufen zu halten, denn Gott und die Gotte sind zu sehr damit beschäftigt, die Evolution in Gang zu halten; also immer wieder Neues zu erfinden. (Damit ergibt sich natürlich auch, dass wir erst einmal besser zu den Engeln beten sollten – uns also in der Rückbindung zu ihnen üben sollten – als zu Gott (oder den Gotten), weil diese mit der weiteren Evolution zu sehr beschäftigt sind, um sich mit unserem „Kleinkram“ aufzuhalten, auch, wenn sie doch ab und zu eingreifen (müssen!).
Ich möchte hier auch noch anmerken, dass mir beim Channeln Fehler unterlaufen sein können (kein Channel ist perfekt!). Das mache ich nicht, um mich herauszureden, sondern darum, weil ich mir meiner Fehlermöglichkeiten und Schwächen durchaus bewusst bin und sie auch durch Nachfragen nicht mehr korrigieren kann, was im Wesen des Channelns liegt, denn die Worte werden nicht wiederholt; wir verstehen ja auch nicht immer alles genau

von denjenigen Menschen, die uns direkt gegenüberstehen, geschweige, von denen, die wir am Telefon haben und natürlich würden wir noch weniger verstehen, wenn wir alles nur einmal gesagt bekämen. Im Buch finden Sie auch einige Anmerkungen von mir darüber, wie ich manche Durchsagen verstanden habe oder welche Detailinformationen ich später noch bei meinen Abfragungen und auch bei meinen Recherchen erhielt.
Auch manche Anmerkungen und Hinweise aus dem Kosmos – eigentlich nur für mich privat gedacht – habe ich stehen gelassen, damit Sie liebe LeserInnen noch mehr darüber lernen können, wie so eine kosmische Beziehung abläuft und dadurch vielleicht auch in Ihnen die Sehnsucht geweckt wird, sich in der Rückbindung zu üben und damit ein reiches und gesegnetes Leben führen zu können. Sicher werden sich für Sie viele neue Fragen auftun, so wie es auch mir erging. Aber wer kann schon die ganze großartige und nicht zu toppende Schöpfungsgeschichte verstehen?

Wenn dieses Buch zu vielen Diskussionen und vor allem zu einem besseren Verhalten der Menschen – auch der Wissenschaftler – gegenüber unserer Mutter Erde und allem auf ihr Lebenden anregt, und dafür wurde es mir ja durchgegeben, dann freue ich mich sehr, denn wer die Erde zerstört, der zerstört seine Mutter und nur wer seine Mutter pflegt, kann ihr – und damit auch sich – ein langes und glückliches Leben gewähren. Ich wünsche Ihnen viel Freude beim Lesen und lassen Sie es an sich heran, die Welt mit anderen Augen zu betrachten zu lernen, und nehmen auch Sie den goldenen Ring entgegen, der bereits alles enthält und nicht mehr von mir „dummen Gans“ ausgebrütet werden musste. Ich liebe es, wenn der Kosmos so mit mir spielt!
Für die Zeitenwende wünsche ich uns allen eine glückliche Hand!
Zur Zeit der Veröffentlichung läuft das Oel im Golf von Mexiko vom Bohrloch direkt ins Meer aus, keiner weiß, wie die Katastrophe zu stoppen ist, die Tiere im Wasser und am Ufer müssen dafür mit ihrem Leben bezahlen, Griechenland und andere Euroländer

sind überschuldet, der Euro verliert seinen Wert, wir steuern auf eine Inflation zu und in ein paar Tagen wird wahrscheinlich das nächste Unglück die Schlagzeilen füllen. Es sieht nicht gut aus für uns. Wir sind zu viele Menschen geworden, die unsere Erdmutter ausbeuten. Da können sich die Unglücksmeldungen einfach nur noch überschlagen. Oh Mother Earth, sweet Mother Earth, wie ungezogene Kinder haben wir uns alles genommen...

Ich grüße Sie!
I.C. Spiess

Es ist uns wichtig euch viel zu erklären. Es ist uns wichtig mit euch zusammen in eine Neue Zeit zu gehen, um neu werden zu können. Es ist nicht nur wichtig, dass ihr neu werdet, sondern dass auch wir mit euch zusammen wachsen können.
Es ist wirklich wichtig euch viel Neues anzusagen, damit ihr begreift, dass es eure letzte Chance ist, dass ihr die Welt anders gestalten könnt. Ihr habt es verlernt neu zu werden. Ihr bastelt ständig an eurem Gehabten herum und habt nur noch kleine Kurskorrekturmöglichkeiten zur Verfügung und die Ansichten über die Welt – die wirklich guten Ansichten aus alter Zeit – die habt ihr vergessen oder wir würden auch sagen: vergessen bekommen. Ihr denkt sie noch manchmal als Kinder, weil ihr euch ja an die Strukturen aus uralter Zeit erinnert, aber dann klappt das Erinnerungsnetz in euch wieder zu, weil ihr als Kinder vieles ja noch nicht gedanklich und wortlich strukturieren könnt, und ihr werdet dazu gezwungen die neuen Denkweisen und Strukturen eurer heutigen Zeit – durch eure Eltern, Verwandte, Freunde, Schulen, Lehrstätten und Universitäten – anzunehmen, die euch auch nicht unbedingt immer weiterbringen.

In diesem Buch geht es um die Mutter Erde. Um unsere schöne Mutter Erde am Rande der Sternenstraße, die ihr Milchstraße nennt, und die sich einmal zur Verfügung gestellt hat, euch und alle anderen Lebewesen auf ihr reifen zu lassen. Aber das wisst ihr ja bereits aus den anderen Büchern unserer Autorin und darum wollen wir dazu nicht mehr all zu viel sagen.

Aber wir wollen euch heute erklären, warum es nun so dumm um euch steht. Warum ihr so verzweifelte und harte Menschen geworden seid. Und wir wollen euch mit diesem Buch daran mitwirken lassen alles zu ändern. Und darum ist uns unsere Autorin oder auch „die Mittlerin unserer Gedanken“ genannt, so wichtig. Sie schreibt für euch alles auf und erarbeitet mit euch in ihren Seminaren ein neues Sein.

Doch zuerst wollen wir euch den Anfang der Welt erklären. Das ist wichtig, um zu wissen, wie der Kosmos arbeitet – wie Gott oder das Göttliche arbeitet. Es macht keinen Sinn, wenn ihr alle nicht mehr wisst, wie es zu eurer Welt gekommen ist, die einmal eine wunderbare Farbe und einen Farbklang hatte, die euch entzückten. Das ist auch nicht mehr. Seht euch eure Welt an. Die bestellten Felder für eure nun viel zu hoch gewordene Bevölkerungsdichte, für die die Bäume zum Opfer fallen mussten und wie wenige Vögel und wie wenig Vogelsorten es noch bei euch gibt und wie verdreckt und vermüllt eure Welt geworden ist.

Es war wirklich eine wundervolle und friedfertige Welt gedacht und geplant. Und diese Welt soll wiederkommen – und sie muss kommen – über die Botschafterin unseres Lichts. Sie fühlt sich manchmal zu klein dafür, doch wir sagen ihr: Wir können alles durch sie durchbringen. Das ist nicht schwer, weil sie sich dafür zur Verfügung stellt und dafür viel gelernt und in unseren Ebenen studiert hat. Doch jetzt lasst es losgehen mit der Erklärung wie die Welt einmal ausgesehen hat; wie sie gedacht war. Und wir machen dann die Gegenüberstellungen zu dem, was sie heute geworden ist.

Wir wissen und erinnern uns daran, wie die Erde einmal aussah. Als Gottes Engel waren wir an den Entscheidungen, wie sie aussehen sollte und zu was sie gereichen sollte, maßgeblich beteiligt. Es war nicht so gedacht, dass sich die Menschen alles holen sollten. Es war so gedacht, dass es für alle reichen sollte – und zwar bis zum Ende der Erde. Dieses Ende ist bald erreicht, aber nicht durch Gottes Wille, sondern dadurch, dass ihr sie schlapp gemacht

habt und euch bereits alles geholt und genommen habt, was zu holen ist.
Doch jetzt erzähle ich erst einmal von den Erdanfängen, damit ihr schlau gemacht werdet, wie sich alles aufgebaut hat und dafür wird nun auch Physik vorkommen.

Wir sind hier schlau genug, um alles zu verstehen. Das ist zum Einen wichtig, weil wir uns ja sonst nicht mit allem auseinandersetzen könnten, aber auch wichtig, um euch die richtigen Gedankenspiele und Bilder herunterzuleiten. Das ist immens wichtig für die Neue Zeit, weil Bilder durch euer Fernsehen und eure Computerisierung gut verstanden werden und weil Physiker die Nacheinanderreihung und die Wissensdichte verstehen werden, mit der wir alles zu euch herunterzubringen versuchen.

Erst muss einmal gesagt werden, dass der Tag nicht zur Nacht gemacht werden kann und umgekehrt. Die Dinge gehen immer fließend von einem Übergang in den anderen über. Die Morgenröte bastelt sich den Tag und die Abendröte die Nacht. Kein Übergang bei euch ist nicht fließend. Immer ist alles so hergestellt worden, dass es noch eine Zeit der Entscheidungsmöglichkeiten gibt; also kein Anfang und kein Ende ist abrupt. Auch der Tod, euer Tod, ist fließend. Selbst dann, wenn ihr einen tödlichen Unfall habt und glaubt, dass der Übergang abrupt kam, ist das nicht so und sieht nur so aus.

Es war Gottes Wille eine Welt zu gestalten ohne Anfang und ohne Ende. Und darin lag ein großer Sinn. Nicht nur, dass es keinen Anfang und kein Ende geben sollte, sondern es wurde damit auch ein hermetisch versiegelter Raum gestaltet. Einer, aus dem nichts herausfließen konnte. In dem sich die Dinge grunderneuern oder verändern konnten in einen anderen Sinn oder ein anderes Sein. Das war nicht leicht. Weil es aber Gottes Wille war und sein Wille stark und mächtig war, schaffte er es, sich so ins Zeug zu legen, dass diese Hermetisierung erschaffen und auch immer wieder erneuert werden konnte – ja repariert werden konnte – und das ist

bis heute so. Gottes Wille war nie verletzt, auch das ist wichtig, damit er ohne Hemmungen weiter schaffen kann und euer heutiger Gott ist von oben aus gesehen, von einer noch größeren Distanz aus gesehen, der mächtigste Schöpfer, den es je gegeben hat. Und das ist auch wichtig zu sagen: Bevor es den jetzigen Gott gab, hatte es bereits andere Gotte gegeben, die dasselbe versucht hatten. Euer heutiger Gott ist also der mächtigste Gott seit allen Gotten vor ihm.
Er ist *der* Superdesigner. Er lernte zu begreifen, wie er sich fortentwickeln konnte, weil es die anderen Schöpfer schon vor ihm so getan hatten. Er konnte sich also an ihr Wissen anschließen und wurde zu ihrem Kind, das aber jetzt selbst zu einem alten weisen Vater geworden ist. Der Sternenhimmel ist darum gut beraten zu wissen, dass auch dieser Gott eines Tages sterben wird und sich ein neuer anstellen muss, damit es wiederum einen neuen Gott, einen neuen Superdesigner, geben kann. Das war immer so gewollt. Der erste Gott hatte es installiert. Und da im Kosmos alles dem Geborenwerden und dem Sterbenmüssen unterliegt, muss auch jeder Gott eines Tages einem anderen Gott Platz machen. Da sehen wir ganz beseelt aus. Wir wissen, dass es keine Pflichtübung gibt, die nicht sein muss. Anders kann sich die Welt noch nicht vorgestellt werden – noch nicht. Aber es haben sich neue Zwischenräume erstellt. So wie das Morgenrot einen neuen Tag oder das Abendrot eine neue Nacht ansagt, so ist auch jetzt wieder ein neuer Gott angesagt. Der alte Gott hat ihn uns bereits vorgestellt und hat uns gesagt, wann dieser Zeitpunkt geschehen soll und was seine Arbeit, seine Würde und seine Prüfungen sein werden. Gott muss sich also immer weiter entwickeln, weil die Welt sich immer weiter entwickeln muss – denn ***Evolution*** ist und heißt das göttliche Spiel! Und darum geht nun wieder ein göttliches Spiel zu Ende und ein neues wartet darauf geboren zu werden, bzw. vom Morgenrot oder Abendrot angekündigt zu werden. In so einer spannenden Zeit – mit einem Auswechseln eures heutigen Superdesigners – befindet ihr euch gerade.

Das ist aber noch nicht alles. Auch wir Engel hier im Himmel werden ausgetauscht. Meine Geschwister auf der Erde werden meine Rolle übernehmen, zu denen auch du zählst, und ich werde weitere Hierarchien bewohnen dürfen, die mich in die Nähe Gottes bringen, und dann evtl. eines Tages auch zu einem Schöpfer machen. Versteht ihr nun, wozu euer Aufstieg auf Erden ist? Ihr sprecht vom Mitschöpfertum, aber das ist viel weiter gesteckt, als ihr es bisher ahntet. Eines Tages werden alle gottgleich und so geht es auch den Tieren. Ja, es gibt einen Tiergott, einen Wesensgott für Menschen und Pflanzen, einen Gott für Maschinen, eure Computer werden so gesteuert, und es gibt einen Gott für das Böse.

Doch vorerst erzähle ich dir mehr von der Gestalt Gottes:
Sie ist nicht wesenhaft wie ihr und kann deswegen nicht gesehen werden. Ab meiner Stufe – also über meiner Christusebene – ist nichts mehr wesenhaft. Gottes Ebene beheimatet die feinstofflichen Elemente. Gott ist Geist inmitten der feinstofflichen Elemente, die mitkreieren. Es sind die Elemente, die alles herstellen und der Geist Gottes gibt ihnen dafür Zuweisungen. Die eine Zuweisung heißt: Elemente steuert euch nach meinem Schöpferwunsch! Die zweite heißt: sich selbst immer wieder zu hinterfragen, ob die Gestalt im Raum richtig ist und die dritte ist: den Atem einzuhauchen (der auch erst einmal erfunden werden musste), der der Gestalt – dem Ur-Print im feinstofflichen Raum – die letztendliche Form eingibt. So soll es sein und so war es immer!

Du hinterfragst dich, wie Materielles entsteht? Ja, genau so. Wenn der Gedanke der Schöpfung entstanden ist, dann kommen wieder die feinstofflichen Elemente zum Zug, denn sie waren das erste Zeichen der Schöpfung. Ohne sie könnte nichts entstehen, sie erschaffen nicht nur den feinstofflichen Ur-Print, sondern danach auch das Materielle. Auch hier heißt es wieder: Elemente steuert den Ur-Print nach meinem Schöpferwunsch (nun aber in die Stoff-

lichkeit). Dann muss sich noch einmal genau überlegt werden, ob die Gestalt, die sich im stofflichen Raum vom Ur-Print annehmen soll, auch richtig ist – denn nur, wenn der feinstoffliche Ur-Print, von dem alles abstammt, wirklich richtig, d.h. vollständig ist, kann die Kopie von ihr auch im Materiellen richtig sein – und erst dann wird der Gestalt Atem zum Leben in der Stofflichkeit eingehaucht. So geschieht hier jede Schöpfung. Wir sprechen z.B. von der Musik. Die feinstofflichen Elemente dafür waren schon vorher da. Die Kraft des Feuers, das Spiel, die Bewegung der Luft, die tiefen Töne der Erde und das Glockenspiel des Wassers. Damit wurde so lange von Gott gespielt, bis die Gestaltung im feinstofflichen Raum richtig war und der Gedanke über die Schöpfung zur Ur-Printform werden durfte und dann wurde nach nochmaliger Überprüfung des Ur-Prints der Formgebung Atem eingehaucht und die Töne wurden für euch hörbar. Ist das nicht schön?
Viele von euch, wenn sie nach ihrem Tod hier herüberkommen, gehen hin und lernen Schöpfung wie Gott zu betreiben. Die einen lernen in einer Art Labor, die anderen in der Natur und die anderen wieder durch Formeln.* Alles ist da, alles muss nur Gestalt annehmen und dann muss der Idee und der Gestalt im Raum Leben eingehaucht werden.
Als bei euch die Labore geschaffen wurden, waren sie ein Spiegelbild unserer Labore und so war es auch mit den Formeln, und jetzt, das weißt du ja, das hatten wir dir schon vor geraumer Zeit privat erzählt, gibt es ein anderes Spiel:
Die Musik hat sich selbst beendet, alle wichtigen Sinfonien und

** Der amerikanische Psychologe Michael Newton, hat in seinem Buch „Die Reisen der Seele – Karmische Fallstudien", Edition Astroterra, 1994, Seite 158ff, beschrieben, wie er durch Hypnose bei einer Patientin zutage brachte, dass sich die reiferen Seelen im Kosmos am Schöpfungsprozess beteiligen und auch mit der Schaffung von Lebensformen beginnen dürfen; dass sie, bevor sie sich zu größeren Lebensformen wie Fischembryos hocharbeiten, erst mit Mikroorganismen beginnen müssen und später sogar kleine Sonnensysteme erschaffen dürfen.*

Musikmöglichkeiten wurden bereits geschrieben. Jetzt ist das Spiel mit dem Computer, der Technik dran und damit immer bei euch auch ein Abbild unseres Spiels, bzw. des Spiels Gottes. Da reihen wir uns alle ein. Du, indem du am Aufstieg stehst und dieses Mal alle deine Erfahrungen von der Erde mitnimmst und wir, indem wir immer wieder neue Ideen entwickeln, wie die Welt zu einer anderen Welt werden könnte. Richtig, wir wollen auch nicht still stehen, oder besser gesagt, wir können es nicht. Das ist das göttliche Spiel, das immer sein muss. Ist es mal nicht mehr, erschaffen wir nicht mehr, dann ist auch das göttliche Spiel der Evolution zu Ende. Alles trocknet aus. Es verwelkt und wird nicht mehr erneuert oder ersetzt. Alles ist getan und kann in sich zusammenfallen. Hermetisch versiegelte Räume werden dann nicht mehr gebraucht. Doch bis das soweit ist, wird es vielleicht wieder mit einem anderen Gott, dem nächsten oder übernächsten Superdesigner vielleicht, andere Maßnahmen geben, die Anderes erschaffen können. Dieser Gott wird dann vielleicht wieder alles anders wollen und alles mit neuen Ideen besetzen und erfüllen, und so ergeht es auch den Untergotten, von denen auch noch die Rede sein wird. Ihr seht also, auch die Evolution der Gotte geht immer weiter und damit auch wieder ihre schöpferischen Spielmöglichkeiten.
Viele Zeiten hat es so gegeben – durch viele Schichten des Kosmos und der Erde hindurch. So sind wir alle weitergegangen von einer Zeit in die andere Zeit und haben dabei das Spiel vom Kreieren geträumt.

Ja, wir sind die Mit-Designer der Erde, wir, die Engel.
Wir vollziehen Gottes Spiel, für das er keine Zeit zur Lenkung hat und gleichzeitig lernen wir dabei Mitschöpfer zu sein. Mitzuwirken am Spiel der großen Herrlichkeit Gottes, das ist wahrhaftig, und ist das nicht großartig? Gottähnlich zu sein und sein zu dürfen, nur in einem anderen Kleid? In einem Kleid, das von euch gesehen werden kann, wenn ihr das wollt? Und einige wollen das

nun ja auch und lernen dafür in bestimmten spirituellen Sitzungen wie man das macht. Das garantiert euch auf jeden Fall eine schnellere Entwicklung!

Nun hatten wir ja gesagt, dass Gott nicht wesenhaft ist. Das ist wahr. Er hat keinen Bart und keinen langen Mantel. Er ist nichts als Gedanke, der immer wieder kreieren muss. Und auch das ist nicht leicht. Gott selbst musste dafür lernen ruhig zu sein und sich viel Zeit zu nehmen zum Gestalten von Ideen und Formen und zum Einhauchen von Atem. Das hat er nun aber nicht immer richtig gemacht. Es gab auch falsche Kunstgriffe und darum ist auch einiges auf eurer Erde schief gelaufen. Aber dafür sind wir Engel ja da, und auch ihr, um mit Maßnahmen dagegen zu steuern. – Ja, auch ihr sollt Mitschöpfertum ausführen. Ihr seht: Gott ist nicht unfehlbar. Die Elemente hängen manchmal in der Schieflage, die Ideen sind nicht richtig und zu früh wird Leben in das Gedachte eingehaucht. Manchmal können Dinge wieder rückgängig gemacht werden, manchmal nicht.
Die Dinosaurier waren so ein Projekt. Sie hätten als Idee einfach nur schlafen und gar nicht auf die Erde kommen sollen. Doch dann hat Gott Leben in sie eingehaucht und sie waren viel zu groß für eure Erde. Sie fanden nicht genug Futter und zerrissen sich gegenseitig. Das war nicht immer nett anzusehen. So entschied Gott, das Projekt zu beenden, und die Dinosaurier starben aus. So einfach geht das. Keine Vulkanasche, keine großen Katastrophen!
Die Dinosaurierengel wussten von diesem Projekt und ließen es geschehen. Und so war das auch mit anderen Tieren. Und sogar mit Menschen, die viel zu früh auf die Erde gekommen waren und noch nicht perfekt genug waren, um ihre Reise auf ihr zu bestehen.

Die verschiedenen Gotte, von denen ich sagte, dass von ihnen noch gesprochen wird, tauschen sich natürlich immer aus. Aber es gibt immer einen Superdesigner, der alles kontrolliert und kontrollieren muss, damit alles im hermetischen System eingebunden bleibt (wenn ich im Folgenden ab und an nur von einem Gott rede, dann ist immer dieser als Oberhirte aller Gotte gemeint). Dieser Gott, dieser Supergott – oder Superdesigner – ist es dann auch, der dieses System immer wieder repariert. Nur er weiß, wie man das macht! Eure Astrophysiker und -mathematiker verstehen noch nicht so viel davon, doch sie sollten darüber nicht zu laut klagen. Vorher ist noch vieles andere zu verstehen, wirklich.

Das heißt, es wird sich zwar in Stufen weiterentwickeln, aber es soll auch eines Tages damit zu einem Ende kommen.
Dann wird der letzte Gott für die Erde und die Menschen sich eine weitere Heimstatt suchen können, so wie es die anderen Gotte davor auch bereits getan hatten. Aber es werden bis dahin noch viele Schritte gegangen werden müssen. Und darum erzähle ich dir jetzt von einer Welt, die einmal war, bevor die Erde wusste, dass es auch sie geben musste.
Bevor die Erde entworfen und hergestellt wurde, gab es bereits unzählige Sterne am Himmelszelt, und auch damals konnte man sie bereits nicht mehr zählen. Sie waren durch unzählig viele Duplizierungen des ersten Sterns entstanden*. Die ersten Gotte hatten auch bereits einen Planeten hergestellt; den ersten Planeten am Himmel, klein und sehr schön und eurer heutigen Erde sehr sehr ähnlich, aber trotzdem noch unbewohnbar, weil es noch viele Gase auf ihm gab. Nun wollten sie auch an eine Duplizierung dieses Planeten gehen – so wie man das bereits mit den Sternen zuvor gemacht hatte. Das geschah auch wieder, zuerst nur in ihren Händen. Sie machten es so, wie ein Designer ein Kleid schneidert und wie ich es bereits mit den Elementen erklärt hatte. Zuerst probierten sie sich in feinstofflicher Form, bevor ihre Idee stofflich werden durfte. Sie waren davon so sehr berührt, dass es so einfach ging, Duplikate herzustellen und sie waren davon so angetan, dass sie auch dieses Mal wie die Wahnwitzigen immer wieder ein Duplikat erstellen wollten und wieder fielen sie damit in einen Erschaffungsrausch.

** Allein in unserer Galaxie gibt es mehr als 100 Milliarden Sterne – im gesamten Weltall soll es mehr Sterne als Sandkörner auf der Erde geben – jedoch haben diese Theorie schon einige Menschen in Frage gestellt und Gegenberechnungen dazu vorgenommen.*

Und was kam dabei heraus? Ja, viele Planeten, die alle ein wenig anders wurden, sprich anders aussahen, weil ihre Wirkungsweise sich durch den Atem, den sie von den verschiedenen Gotten in jede ihrer Schöpfung eingehaucht bekamen, unterschieden (auch bei den Sternen war das schon der Grund dafür gewesen, warum sie sich immer wieder anders gestaltet hatten*). Mal gab es auf den Planeten Wasser, mal kein Wasser, mal rote Erde, mal weiße, mal gab es eine totale Schieflage, in der es zu keinem Leben kommen konnte und mal sahen sie auch schon ganz gut aus. Damals war es so, dass man es wirklich schon schaffte, fast alles herzustellen, was man wollte. Aber trotzdem gab es auch da immer wieder Fehler und viele Spielmöglichkeiten und auch viele wunderliche, aber auch wunderbare Gestaltungen von Planeten. Es ist nicht so, dass nicht von allen irgendwie ein Zauber ausging, aber es waren doch einige besser als andere gestellt. Die Gotte begann sich zu langweilen, denn was hatten sie getan? Sie hatten lauter ähnliche Planeten hergestellt, die sich zwar untereinander unterhalten konnten, die aber irgendwie trotzdem leblos waren. Und weil am Himmel nun viele zauberhafte und weniger zauberhafte Planeten herumhingen, kamen sie auf die Idee, Leben auf einem dieser Planeten erschaffen zu wollen. Diese Idee war nicht leicht auszuführen. Leichter war es bisher gewesen, die vielen Planeten zu erschaffen. Wie machte man das?

Um mehr Ideen zu haben, sie zu gestalten und irgendwann zum Verwirklichen bringen zu können, musste es nun auch zu mehr Gotten kommen, d.h., je mehr Schöpfungsspiele man nun betreiben wollte, um so mehr Gotte brauchte man dafür. Diese Gotte unterschieden sich enorm voneinander in den Fähigkeiten und Möglichkeiten Dinge zu machen. Der eine sollte sich auf die Ele-

* *Alle Sterne sind wie unsere Sonne Feuerbälle im All. Sie unterscheiden sich aber in Größe und Masse sowie in ihrer Oberflächentemperatur und Leuchtkraft.*

mentenverteilung konzentrieren, der andere mehr auf die Schwingungen der Töne, die einen Planeten umgeben und der nächste wieder darauf, wie man es auf ihm irgendwann zu blühenden Landschaften bringen konnte. Zusammen ging man nun in die Stille und dachte lange nach. Man wusste noch nicht viel von Körpern, außer vom Körper eines Planeten und so dachte man zuerst, man müsste einfach nur einen kleinen Zusatz-Planeten erschaffen, der irgendwie auf einem Planeten wohnt und ihn belebbar macht. Fast so wie eine Kugel. Doch mit dieser Idee reichte es den Gotten irgendwann nicht mehr. Sie verstanden, dass sie mehr haben wollten und mussten. Und so kam einer nach dem anderen auf die Idee, dass eine größere Schöpfung gewagt werden musste. Und es war der Schöpfungswille in der Natur der Feinstofflichkeit, dass es zu Schöpfungen kam, denen man Atem einhauchen konnte. Das war der freie Wille. Erst kam es zu kleinen stofflich sichtbaren Schöpfungen im Mü(μ)-Bereich (Anmerkung: Ein Tausendstel Millimeter = 0,001mm). Dann wurden sie gewagter und immer größer, bis auf eurer jetzigen Erde die größten Dinosaurier geschaffen wurden, die, wie bereits gesagt, praktisch ein Unfall gewesen waren, weil für sie die Lebensmöglichkeiten bei euch nicht ausreichten, so dass sie genug zu Essen haben konnten.

Nun willst du aber erst einmal wissen, wie und wer die erste Erde erschaffen hatte. Das werde ich dir jetzt sagen und du sollst still halten:

Es waren damals erst zwei Gotte gewesen, die es gewagt hatten, sich an die Erschaffung einer Erde zu machen. Sie hatten die Elemente in der feinstofflichen Welt dafür bereits zur Verfügung gehabt, und sie konnten deshalb nicht umhin, darüber nachzudenken, was man mit diesen Elementen auch noch tun konnte. Es war für sie zu Anfang wirklich ein sehr gewagtes Spiel gewesen, denn vorher hatten sie so etwas noch nie getan. Sie standen auch unter Zugzwang, weil die Elemente auch untereinander erschaffen

konnten und es auch wollten, und weil sie es auch wollten, dass ihnen endlich Atem eingehaucht wurde. Und so dachten die beiden Gotte lange nach. Es gab dafür eine große schöpferische Ruhepause. Es war ganz ruhig im Kosmos. Keiner wagte zu atmen. Und so verstehe es wirklich mehr als eine große Gedankenpause, der jedoch eine große Schaffenskraft innewohnte. Übrigens, auch ihr solltet das auf der Erde so machen, denn um etwas Gutes zu kreieren, braucht es lange Zeit. So wie du immer und immer wieder über deinen Büchern sitzt, um sie für den Abschluss noch besser zu machen, genau so saßen diese beiden Gotte nun und überlegten. Sie waren davon fast sprachlos geworden, denn es war auch eine große Meditation. Aber dann wachten sie auf. Völlig erfrischt und voller Ideen, wie es nach einer guten Meditation eben so ist. Sie hatten von Leben geträumt, selbst damals schon von den Fischen. Aber davon waren sie noch weit entfernt. Aber die Träume hinterließen ihre Spuren und so balancierten sie mit den Elementen dementsprechend herum. Der eine spielte mehr als der andere, er wagte mehrere Dinge, der andere war mehr der nachdenkliche Typ, so würdet ihr es heute nennen, und er wog immer und immer wieder ab, alles noch besser zu machen und seine Ideen zu vervollständigen.
Dann kam ihnen beiden die Idee aus den Erdelementen die Erde zu erschaffen und aus dem Wasserelement das fließende Wasser und aus der Luft Gase und aus dem Feuer das wirkliche Feuer, das verbrennen aber auch wärmen kann. Genüsslich saßen sie bei Tisch – das sollt ihr nicht wörtlich nehmen – und sie ließen sich von nichts ablenken. Allerdings muss man sagen, dass es damals auch noch nicht viel zum Ablenken gab.

Sie erschufen erst nur in ihrer Phantasie, dann in der Feinstofflichkeit und dann – aber ganz winzig, denn immer wurde alles erst stofflich in einer (Mü)-Welt ausprobiert – einen kleinen Ball mit Feuer und Erde und mit Wasser und Luft, und sie spielten damit so lange herum, bis die Luft die Erde umgab und das Wasser auf der Erde fließen konnte und das Feuer in der Erde war und Magna erschuf. Das war der erste kleine Erdball. Glühend zwar noch, aber mit allen Anlagen. Es gab da noch keine Fische, aber es gab alle Möglichkeiten, um auch sie zu erschaffen, aber davon wussten die Gotte noch nichts, auch wenn sie, wie schon gesagt, so etwas auch schon beiläufig erträumt hatten. Aber sie waren erst einmal so beschäftigt, dass die Sache mit den Fischen fast vollkommen in Vergessenheit geriet. Sie kam erst sehr viel später zum Zug.

Du fragst mich nun: Wer hat die Elemente erstellt? Woher kamen sie?

Die Elemente, so sagte ich ja, sie waren schon vorher da. Das war nicht immer nur gut gewesen, denn sie spielten auch ihr eigenes Spiel. Mehr noch, sie wüteten oft in einem kleinen Raum, denn der hermetische Raum konnte immer nur dann erweitert werden, wenn eine neue Schöpfung erfolgt war. So musste es etwas geben, was die Elemente im Griff hielt. Das war nicht leicht zu finden. Darum waren es die Elemente selber, die Gott erfunden hatten. Aber noch immer weißt du nicht, woher die Elemente kamen.

Es gibt ein unsichtbares Vakuum im Kosmos, das sich unterschiedlich anfühlt. Auf der einen Seite ist es rauh und heiß und auf der anderen fein und kalt. Dort werden die Elemente geboren. Sie werden aus sich selbst geboren und können sich auch immer wieder erneuern. Das muss so sein. Ohne dieses Vakuum, in dem sich alles erneuern kann, würde es kein Leben und auch keine Bewegung geben. Doch ganz luftdicht ist dieser Raum nicht. Er ist nicht völlig hermetisch abgeschlossen, weil die Kraft der Elemente da ja heraus muss. Diese Blase, diese luftleere Blase, in der die Energie erschaffen wird, hat zwei Türen. Die eine Tür bestallt das Innere und die andere das Äußere. Das heißt, die Energie kann hin- und herfließen. Geht den Elementen ihre Energie verloren, so wissen sie um die Erneuerung in dieser Blase und kehren zurück zu ihrer Grunderneuerung.
Das geschieht im gesamten Kosmos so. Überall, wo Energie verloren geht, da holt sie sich die neue Energiezufuhr in dieser Blase!!! Und jetzt kommt für dich der Supergau. Du fragst, wer hat

diese Blase geboren und ich sage: „das Nichts“. „Das Nichts“ hat dieses Vakuum erschaffen!

Wir haben gesagt, Gott ist nicht wesenhaft, weil er von euch nicht gesehen werden kann. Kein Gott konnte je von euch gesehen werden. Und doch ist Gott so ähnlich wie ein Wesen – nur weil ihr von ihm so weit getrennt seid, könnt ihr ihn nicht sehen, denn ihr würdet die Energie Gottes gar nicht aushalten können. Die spirituell Wissenderen unter euch sagen, ihr würdet verbrennen, wir sagen, nein, ihr würdet ganz schnell, in mehr als Millisekunden zerschmelzen, und ihr würdet ihm dann noch immer nicht nah genug gekommen sein.
Das Nichts ist vollkommen nichts. Es ist nicht mehr wesenhaft, nicht mehr elektronisch messbar, es ist ein Vakuumraum in dem es scheinbar nichts mehr gibt, und du glaubst es nicht, gerade nur in diesem Nichts ist die Entstehung der Elemente möglich.

Meine Frage ist: Ist es wie mit dem Ei und der Henne, wer war zuerst da?

Phantastisch!
Hier liegt eine große Erklärungsmöglichkeit und darum nur so weiter.
Die Henne und das Ei ist ein Symbol für das Werden und Vergehen, das keinen Anfang und kein Ende kennt. Es ist gar nicht so schwer das zu verstehen. Darum lasse das, was ich jetzt sage, in dir stehen und gehe damit sozusagen schwanger. Das sagt ihr doch, wenn ihr etwas immer und immer wieder in euch herumrühren und bearbeiten müsst?! Dieses Symbol ist gerade dazu angetan die Welt noch besser zu erklären. Das Vakuum erschuf sich selber. Aus sich selbst heraus. Es konnte sich selbst erschaffen, weil es bereits da war. Immer da war in der Welt. Der Staub, der dabei aufgewirbelt wurde, erschuf wiederum ein neues Vakuum und so entstanden viele kleine Bläschen, in denen sich die Elemente ver-

hangeln konnten. Dort konnten sie in sich selbst sein und mit ihren Kräften toben oder auch nicht toben, je nachdem, ob sie mehr männlicher oder weiblicher Art waren. Diese Blasen entstanden, weil sich ein Raum auftun musste, um die Welt überhaupt erschaffen zu können. Sie vervielfältigten sich also und Materie kam hinein, weil die Elemente die Materie erschufen.
Auch die Elemente waren erst nur ein Gedanke. Aber dann vervollständigten sie sich, indem sie hörbar, riechbar und eben stofflicher wurden. Und so kam Materie in diesen Blasen hinzu und erschuf sich weiter. Im Ei eines Huhns gibt es auch eine Blase. Sie ist der Clou. Diese Blase muss sein, damit sich das Ei überhaupt erschaffen kann. Ihr piekst, wenn ihr ein Ei kocht, einfach so mit dem Eierstecher hinein, aber ihr wisst nicht, dass die Blase im Ei eigentlich das Wertvollste im Ei ist. Ohne sie gäbe es keine Schöpfung. Ohne sie wäre das Ei nicht entstanden (geboren)! Die Elemente hätten also ohne die Blase die Materie im Ei nicht erschaffen können. Deshalb war deine Frage so gut, sie hat es auf den Punkt gebracht. Ohne Blase, in der die Elemente erschaffen können, gäbe es nichts. Das Ei wäre nicht lebensfähig.
Das heißt, auch die Elemente brauchen, um weiterhin zu existieren, diese Blase des Vakuums. Sie brauchen sie, um sich zu regenerieren und sich auch in der Stofflichkeit zu üben und auszudrücken.

Weil dafür aber das gedachte Wort wichtig ist, hatten die Elemente aus sich heraus Gott und später die verschiedensten Gotte erschaffen.

Nun willst du natürlich wissen, wer das Nichts erschaffen hat.

Keine Frage ist leichter zu beantworten als diese.

Das Nichts, so sagte ich schon, hat sich aus dem Nichts selbst erschaffen. Und weil Nichts Nichts ist, kann es nichts anderes sein als Nichts.*
Bingo?

In den nächsten Kapiteln gehen wir ein Stück weiter. Wir sagen warum es einen Nordpol und den Südpol, die Menschheit, die Tiere und die Blumen geben musste, warum das die Idee der Gotte wurde, die ja vorher noch nicht einmal genau wussten, wie ein Planet so aussehen könnte.

** Der energetische Hintergrundzustand des Universums, wird als Quantenvakuum bezeichnet. Dieses Vakuum beinhaltet ein Energiefeld, das sogenannte Higgs-Feld, das aus sehr schnellen einheitlichen Teilchen besteht. In dieser sogenannten Leere gibt es Energiesubstanz, die elektromagnetische Schwingung verursacht. Für die Teilchenphysiker stellt sich die Frage, warum die Objekte im Universum eine Masse haben und wie diese Masse eigentlich zur Masse wird? Der schottische Physiker Peter Higgs kam vor etwa 40 Jahren auf eine evtl. Lösung. Er postulierte ein hypothetisches Feld und bestimmte hypothetische Teilchen (seitdem Higgs-Feld und Higgs-Bosonen genannt) als verantwortliche Masseproduzenten. Dieses Higgs-Feld ist ein hypothetisches Gitter, das allen Masseteilchen einen Körper verschafft. Das genaustens herauzufinden, obliegt nun auch dem Protonenbeschleuniger im CERN/Schweiz (weltgrößtes Forschungszentrum auf dem Gebiet der Teilchenphysik). Als Antimaterie kann man nach Aussagen dieses Buches den feinstofflichen Anteil vom Ur-Print bis zur Massewerdung (Materiewerdung) postulieren (oder auch umgekehrt, von der Masse zum Ur-Print zurück), so heißt es auch, dass Antimaterie die gespiegelte Variante der Materie ist.*

Dazu wieder Christopherus: „Es gibt viele Nuancen und Abstufungen, an die alle gedacht werden muss, bevor etwas in die Materie treten kann. Die Gotte müssen dabei immer sehr achtsam sein, aber die Teilchen haben sich darin schon so geübt in die Materie zu gehen – denn auch sie sind lernfähig und haben ihr eigenes Gedächtnis –, dass das auch immer besser klappt.
Die Zeit spielt dabei auch eine große Rolle.
Es gibt dabei eine Zeitbegrenzung – eine Zeitgenauigkeit –, der auch ihr unterliegt, wenn ihr etwas erschafft. Auch die Gotte hatten, wie ihr, ihren Stress damit. Doch mittlerweile kann das ganze Konzept, des In-die-Materie-Gehens und Materie-Seins, sich selbst überlassen werden und nach der Beratung können die Gotte wieder weitergehen und sich an weitere evolutionäre Schöpfungen wagen.
Das große Spiel der Sterne und Planeten ist vorbei.
Jetzt wagen es die Gotte andere Dimensionen und Dimensionsmöglichkeiten aufzutun.

Auch das ist wieder ein Wagnis wie die Urschöpfung ein Wagnis war, denn auch jetzt muss sich wieder ein neues Feld auftun, das wunderbar, aber auch riskant sein kann. Wunderbar, für die Gotte, weil sie alles noch besser machen wollen; riskant, weil damit wieder noch mehr Verantwortung vonnöten ist, da man das Eigenverhalten der neuen Schöpfung ja noch nicht kennt."

Aus der Offenbarung des Johannes, Kapitel 21

„Und ich sah einen neuen Himmel und eine neue Erde; denn der erste Himmel und die erste Erde sind vergangen, und das Meer ist nicht mehr.“ *

Die erste Erde

Die beiden Gotte waren große Physiker gewesen und sich dieser Sache auch bewusst. Sie besaßen große Tintenstrahler. Das heißt, sie druckten in ihren Sinnen viele Möglichkeiten aus und verwarfen sie auch wieder. Sie spielten mit den feinstofflichen Elementen herum und ließen diese Materie erschaffen und so sollte es für die Elemente sein. Die Elemente waren froh darüber, dass es diese beiden Gotte gab, die für sie mit ihrer Idee und ihrem Wort und ihrem Atem Stoffliches erschaffen konnten. Denn sie alleine wären dazu nie fähig gewesen.

Viele weite und verzweigte Wege mussten diese beiden Gotte erst einmal gehen, um sich dahin zu entwickeln, endlich die Erde mit ihren Schönheiten machen zu können. Dafür brauchten sie große Meditationen und einen Sinn, der immer und immer wieder alles verändern konnte. Das war nicht leicht, denn sie konnten keinen befragen und wurden selbst nicht hinterfragt. Das mussten sie selbst tun und erlernen. Und damit entwickelten sie, wie selbstverständlich, so ganz nebenbei, eine große Verantwortung. Das war sehr schön zu nennen. Und darum sieht es auf eurer Erde heute

* *Vor dem Channeln dieses Buches kannte ich diese Offenbarung nicht so genau. Ich wurde erst während meiner Korrekturlesungen durch eine Fernsehdoku (leider weiß ich den Titel der Sendung sowie den Sender nicht mehr) darauf verwiesen, dass es sie, wie in diesem Buch, auch früher schon gab, und wie man sieht, nicht ohne Grund; ich sollte sie mit diesem Buch zu erneutem Leben erwecken, sie nun aber – für die nun beginnende Neue Zeit – auch physikalisch besser erklären können. Die meisten Menschen halten diese Offenbarung für eine apokalyptische Zukunftsvision, weil sie ja glauben, dass unsere jetzige Erde die erste Erde ist. Mit diesem Buch kann man nun eine Korrektur dieser Sichtweise vornehmen; was aber einer nächsten – einer zweiten – möglichen Apokalypse nicht im Wege steht, wenn wir so weitermachen wie bisher.*

auch fast perfekt aus. Ich sage „fast“, weil wirklich nicht alles perfekt sein konnte. Gott und die Gotte irrten oft und darum kam und kommt es auch immer wieder zu weiteren Schöpfungen – und auch Kurskorrekturen mussten und müssen immer wieder vorgenommen werden. Da aber bereits Geschöpftes da war und nicht so einfach wieder weggenommen werden konnte, unterlag es den Richtlinien des Todes Geschöpftes wieder wegzunehmen, auf die ich zuerst zu sprechen komme, weil es wichtig ist zu begreifen, warum alles sterben muss und warum es Schöpfung geben muss.
Ja, der Tod ist eine großartige Richtlinie, unter die alle Maßgaben der Schöpfung fallen.
Der Tod ist sozusagen **die *Kurskorrektur***!
Dadurch werden wieder neue Schöpfungen frei. Ein Beispiel: Ihr lebt und gebt euren eigenen Nachschöpfungen, euren Kindern, Leben, und ihr werdet alt, und ihr müsst sterben. Damit macht ihr Platz für eure Kinder und deren weiteren Nachkommen. Und so unterliegt auch der Kosmos dieser Regel. Beziehungsweise, besser gesagt, weil der Kosmos dieser Regel unterliegt, sie also zuerst erschaffen hatte und erschaffen musste, weil der kosmische Raum nicht endlos Platz geben kann, müsst ihr euren Kindern und Kindeskindern Platz machen. Nur dadurch, dass ihr sterbt oder etwas stirbt, kann wieder etwas Neues entstehen. Ja, manchmal kann sich schon etwas regenerieren, wenn ihr z.B. eine organische Krankheit habt und davon genest und dieses Organ in eurem weiteren Leben keine Anfälligkeit mehr zeigt. Aber letztendlich müsst ihr euch eines Tages alle in den Sterbeprozess eingeben, und das ist gut so, weil sonst für eine neue Schöpfung nichts frei würde. Der Kosmos, euer hermetisch versiegelter Raum, ist nicht unbegrenzt erweiterbar. Auch er unterliegt einer gewissen Größe, sonst würde er wirklich zerplatzen. Und weil die Schöpfungsgotte schon so viel geschöpft hatten, war dieser Raum zu seiner maximalen Erweiterung gekommen. Und darum musste es dazu kommen, dass Altes vergeht und Neuem Platz macht – es damit also zu einer 1:1 Korrektur kommt. Versteht ihr?

Wenn die Gotte etwas Neues erschufen und das war nicht gut, so konnte es nicht sofort wieder verschwinden. Es unterlag dem natürlichen Sterben. So wurde Materie verändert. Der Print, der feinstoffliche Print, den z.B. ein falscher Stern hinterließ, wurde ganz klein. Damit schafften sie sich einen neuen freien Raum und die Möglichkeit wieder etwas Neues zu gestalten. Diese Gestaltungs- und Sterbemöglichkeiten haben mittlerweile einen 1:1 Charakter erhalten, weil, wie eben gesagt, euer hermetisch versiegelter Raum nicht mehr immer neue Schöpfungen ertragen kann, weil er ja sonst noch mehr erweitert werden würde* und das darf nicht sein. Ein Ei kann auch nur die Menge eines Eies enthalten, mehr nicht. (Ihr könnt auf der Erde ja auch nicht die Tierpopulation ins Unermessliche steigen lassen, dann würde der Raum Erde ja auch nicht mehr ausreichend für sie sein – siehe unser bereits genanntes Beispiel von den zu großen Dinosauriern –, und auch eine Seifenblase platzt, wenn der Druck in ihr zu groß ist und so ist es nun auch mit der Menschenanzahl auf eurer Erde gekommen, die viel zu hoch geworden ist, um auch noch für lange überlebensfähig zu sein). Versteht den Tod als Begrenzer und Reparierungsmöglichkeit. Ohne den Tod würde euer hermetischer Raum nicht mehr versiegelt sein, sondern sprengen. So ist euer Tod als großer Kosmosheiler zu verstehen. Ja und du fragst, wer hat den Tod erschaffen? Und du weißt es schon: Auch wieder die Elemente! Wieder waren die Elemente an einer großen Schöpfung beteiligt und es kam zu der Schöpfung des Todesgottes, bzw. dann später zu der Schöpfung von vielen Todesgotten, denn einer allein wäre für eine Kurskorrektur der mittlerweile mannigfaltig gewordenen Schöpfung zu wenig gewesen. Deshalb habt ihr z.B. auch so viele verschiedene Bilder vom Tod. Jeder zeigt sich euch in geistigen

* *Aus Sicht der Astrophysiker erweitert sich der Kosmos noch immer. Jedoch gibt es bereits viele Gegentheorien dazu. Manche halten es für eine Nottheorie der Urknalltheoretiker. Astrophysiker messen bei größerer Distanz eine Rotverschiebung des Lichts, was einer Fluchtbebewegung entspricht, aber nicht unbedingt einer Erweiterung unseres Weltraumes.*

Bildern in einer anderen Art von Wesenhaftigkeit. Die Todesgotte lernten in Liebe wegzunehmen und zurückzugestalten. Das ist wichtig zu sagen: Ihr sterbt nicht, ihr werdet nur zurückgestaltet. Euer stofflicher Körper wird zu Staub und ihr werdet in die Seele, den feinstofflichen Print, der ihr seid, zurückgestaltet. Wahnsinnig nicht? Ja, und das ist es, was ihr unter Karma zu verstehen habt. Und das ist auch zu sagen: Nichts verschwindet, alles fällt zurück in den Print, der der Stempel Gottes war. So auch eure Seele: Sie braucht den Körper nicht mehr und ist nur noch sich selbst. So zerfällst auch du eines Tages wieder in deinen feinstofflichen Print und kehrst zu deiner Herkunft, zu uns, zurück.

Ich sprach ja schon von den Untergotten. Mittlerweile gibt es noch viele andere Schöpfergotte – heute habt ihr sogar einen für eure Maschinen – die praktisch auch ihr Herkunftsland aus dem Atem der Gotte und dem Spiel der Elemente haben und für die ihr aus dem stofflichen Anteil, der Materie der Erde, erschafft. Erschafft für das Reich der Gotte oder des allmächtigen Superdesigners! Denn auch ihr sollt solche Schöpfergotte sein. Gott und die Gotte planen, und ihr führt für sie die Planung in der Stofflichkeit aus, indem ihr dafür die Materie eurer Erde nehmt und diese nun auf eine andere Weise zusammensetzt. Ihr versteht? Der Gott der Maschinen erdenkt sich einen Computer. Er formt durch die Elemente im feinstofflichen Bereich die Idee und implantiert diese Idee in euch hinein und ihr nehmt die stofflichen Elemente der Erde und baut diesen Computer für ihn und euch. So seid ihr Mitschöpfer. Und so seid ihr mit allem was ihr tut ständig Mitschöpfer im kosmischen Spiel. Mit jedem Wort, das ihr sagt und schreibt, mit jedem Essen, das ihr kocht und auch, wenn ihr eine Scharade* aufführt, ist das Gottes Wille. Ihr wisst noch nicht viel davon, darum berichte ich.

** Pantomimische Darstellung eines Rätsels oder eine spezielle Form des Silbenrätsels nach Wikipedia.*

Aber erst einmal wollen wir uns ja die Schöpfung des Planeten, der zur Erde werden sollte, weiter vornehmen. Dafür braucht es einen großen Willen diese zu verstehen und dafür muss ich leider auch ein wenig im Zeitkontext hin- und herspringen. Wie bereits von mir gesagt, hatten die beiden Gotte es nicht gewollt, dass dieser nun dafür ausgesuchte Planet unbewohnt bleibt, und da man ihn gleich schon ziemlich perfekt haben wollte, hatte man sich auch darum kümmern müssen, weitere Gotte für die weitere Gestaltung zu erschaffen, denn für die beiden Gotte wäre alles allein zu kreieren viel zu viel gewesen. Sie berieten sich mit den Elementen, wie es zu tun sei, diesen Planeten bewohnbar zu machen und wieviele Gotte man dafür brauchen würde. Ja, die Elemente kamen zu der Beratung hinzu, denn sie waren und sind ja immer der Urgrund aller Schöpfung, sie sind der Geburtskanal, durch den *alles*, auch Gott und die Untergotte, erschaffen wird.

Diese vielen neuen Gotte machten sich für ihre Ideen erst einmal ein Abbild von diesem Planeten, um sich daran zu versuchen. Sie wollten es dadurch verhindern, ihn mit ihren Schöpfungen in eine Schieflage zu bringen. Aber weil dieses Abbild eben nur ein Abbild war und damit auch keine anderen Möglichkeiten der weiteren Erschaffungsweise zuließ als der vorherige Planet, ging man wieder zum ersten als Erde geplanten Planeten zurück und versuchte sich weiter an ihm.

Die Möglichkeiten der Schöpfung wurden größer, denn nun gab es viele Gotte, die nachdenken und sich miteinander austauschen und beraten konnten. Sie alle verfielen immer wieder in tiefe Meditationen und erträumten sich die Welt einer bewohnbaren Erde. Und wieder gingen sie danach untereinander in den Austausch. Das war wunderbar anzuhören. Mit ganz tiefen Tönen tauschten sie sich aus. Sehr sehr langsam und tief waren die Worte. Aber sie waren Worte mit einer großen Eindringlichkeit und einem Charakterzug, der auch euch anhaftet. Sie alle wollten gehört werden

und darum gab es wieder eine lange Pause der kreativen Schöpfung, weil sie sich viel von ihren meditativen Schöpfungen zu erzählen hatten.
Der eine hatte nun schon Pflanzen gesehen, der andere viele Tiere, der nächste große Gewässer und der nächste ein Abbild von sich; mit einem Körper, der nicht ganz ein Körper war, aber eines Tages ein Körper werden musste. Ja, das war der Anfang der Pflanzen und der Tiere und später auch der Menschheit. Und es war der Anfang eurer Welt.
Nicht in sieben Tagen gebaut. Nein, die Gotte brauchten einen langen Atem, um in alles Leben einzuhauchen, denn schließlich wollten sie nun etwas haben und es auch so gut wie möglich vervollständigen, was es noch nie gegeben hatte. Die Elemente halfen dabei schwer mit und dabei kamen manchmal auch wieder Geschöpfe heraus, die sie sich nicht so vorgestellt hatten; die Salamander z.B., die immer nur auf der Erde kriechen können, oder die Feuerfische, die ihr heute noch in den Ozeanen schwimmen seht. Ihr seht also, es brauchte diesen langen Atem, um in alles Leben einzuhauchen.

Als die ersten Tiere auf die Erde kamen, da wurde schon entschieden, dass sie eine Verdauung haben müssen und dass sie Pflanzen fressen dürfen. Als dann später die Menschen kamen, nahm man dasselbe Objekt und verfeinerte es nur ein wenig im Aussehen und in seinem Gehirn. Aber euer Verdauungsanteil, euer Herz und die Lunge, sie sind immer vom selben Bau und das hat sich ständig wiederholt, bis zum heutigen Tage.

Wir sehen mit Wohlwollen zu, wie ihr das hier aufnehmt. Es ist nicht leicht das anzunehmen, aber da ihr die Schöpfungsgeschichte ja in euch tragt, so wird es doch letztendlich – wenn auch nicht immer mit dem Verstand – so aber mit euren anderen Sinnen, wie eurem Herzen, verstanden.

Gott, der Superdesigner und die anderen Gotte kamen in ein Gleichmaß der Schöpfung. Sie wollten nicht mehr so viele Planeten haben, wie sie sie einmal am Himmel erschaffen hatten. Sie konzentrierten sich nur noch auf diesen einen Planeten, der ihre und damit später eure erste Erde werden sollte. Diese Erde war wirklich eine Erde eines besonderen Wissens geworden. Denn aus ihr war nun eine Kugel entstanden, die mit einem Inhalt gefüllt werden sollte, der sich nie erschöpfen würde. So wie das Ei aus sich selbst entsteht, weil es sich aus den Elementen im Vakuum immer wieder erneuern kann, so müsst ihr auch die Erde als einen Planeten verstehen, der sich aus sich selbst erneuern kann, so lange das Gott will – bzw. für wie lange das vorhergesehen ist. Also d.h., auch eure jetzige Erde lebt nicht ewig und wird auch nicht für ewig sein und bestehen können. Auch sie wird eines Tages nur noch als ein Print im feinstofflichen Kosmos verbleiben, als ein Mal für Vergangenes, bzw. als ein Mahnmal für Vergangenes, was immer ihr auch noch mit ihr macht. Vielleicht kommt dann ein Gott oder es kommen viele Gotte, und man läßt sich wiederum eine neue Erde einfallen.
Ja, es wird vielleicht eines Tages eine Erde im Kosmos entstehen, die sich aus sich selbst heraus immer wieder erneuern kann und auf und in der wirklich alles perfekt ist. Und dann wird es mit aller Wahrscheinlichkeit eine perfekte Erde, einen perfekten Lebensraum mit perfekten Tieren, Pflanzen und Menschen geben.*
Doch verlaßt euch nicht darauf!!!

Die Gotte meditierten, wie alles von ihnen erdachte in einem Lebensraum lebensfähig gemacht werden konnte; in dem die erdachten Blumen wachsen und blühen, die erdachten Tiere und Menschen leben konnten und die erdachten Wasser fließen und

** Nach Meinung von Forschern, ist unser Universum etwa 13,7 Milliarden Jahre alt; der älteste bis jetzt aufgefundene Stern HE 1327–2326, ist etwa 13 Milliarden Jahre alt. In diesem Zeitkontext ist unsere jetzige zweite Erde noch sehr jung und darum sehr gut auch noch als Versuchsplanet zu verstehen; sie ist etwa 4,55 Milliarden Jahre alt.*

die erdachten Bäume sich in einen Himmel erstrecken konnten, den es damals ja noch nicht gab, denn alles war noch gar nicht belebt; es war erst noch eine Idee, in die noch Atem eingehaucht werden musste. Es gab nur fast tote Materie, so wie ihr heute den Mars seht, der wirklich ein besonderes Unglück in seiner Erschaffung war, weil dort bestimmte Elemente fehlen und damit ein Leben auf ihm verunmöglicht wurde. Also auch der erste Planet, der die Erde werden sollte, sah erst einmal so aus; braun die Erde, zwar mit ein bisschen Wasser darauf – aber sonst mit völlig unbelebter Natur.

Da die Gotte sich nun aber alles ausgedacht hatten, begannen sie nacheinander Leben in das Gedachte zu atmen und es auch so grandios zu beatmen, dass es auf der Erde zu Leben kommen konnte. Das war wunderschön. Erst gab es den Gedanken, die Elemente richteten sich danach aus und erschufen einen ätherischen Ur-Print, der Materie erschaffen konnte und Leben konnte eingeatmet werden in eine Art Stofflichkeit, wie sie vorher noch nie bestanden hatte.

Nun musste alles erst einmal auf die Erde gebracht werden: die Fische in das Wasser, die Kriechtiere und die Pflanzen auf und in die Erde und andere Tiere und später auch die Vögel in die Luft und dann kamen die Menschen. Damit hatten die Schöpfergotte genug zu tun und wiederum brauchten sie dafür einen langen langen Atem. Sie korrigierten sich auch oft und brauchten dafür wieder den Todesgott zum Aussterben der Kreaturen, die nicht richtig lebensfähig waren.

Das war damals die moderne Welt. Wirklich eine wunderbare Welt!

Adam und Eva

Als die ersten Menschen kamen, fanden sie eine wundervolle Welt vor. Die Sonne, Wasser und Luft, Bäume und Vögel, Beeren und andere Strauchpflanzen und immer wieder ein Singen und Summen umher, das die Elemente veranstalteten. Das war wirklich noch die Musik der Schöpfung von Hand gemacht. Es war Wohlfühlmusik, nach der Klaviatur der Gotte. So nahm alles seinen Anfang. Die Elemente waren gleich gestellt, keines besiegte das andere, und die Menschen die es gab, waren friedfertig wie Gott.

Sie waren sich ihrer Möglichkeiten noch nicht so bewusst wie ihr heute. Sie waren sanft, und sie sahen süß aus, und sie wussten auch noch nicht so viel mit sich anzufangen. Sie spielten den ganzen Tag und liebten sich und freuten sich der Dinge. Davon waren Gott und die anderen Gotte sehr angetan und sie machten die Struktur der Menschen und der anderen Lebewesen noch fester, so dass sie immer mehr allein mit sich auskommen konnten. Das war der Tag, an dem Adam von dem Apfel aß, den Eva ihm gebracht haben sollte. Nein, mit der weniger gewordenen Feinstofflichkeit kam es den Menschen nun immer mehr in den Sinn, ihre eigenen Dinge zu wollen und ihre eigenen Wertschätzungen in alles zu geben, eben Mitschöpfer im Spiel der Gotte zu sein, die sie geschaffen hatten. Das war aber leider auch die Geburt des Zorns, des Neides und der Gier, die euch bis heute nicht mehr losgelassen haben, denn ihr musstet nun – nicht mehr so feinstofflich und so geistig – auch essen und trinken und damit Ausscheidungen haben. Adam, der so sein wollte wie sein Schöpfer, aß von der Erkenntnis nicht so sein zu können wie er – das war der Apfel der Erkenntnis, nicht Evas Versuchung! Eva war noch länger sehr schlau. Sie versuchte ihn immer wieder zu beruhigen und bot ihm

alles dafür an. Und so kam es, dass auch sie eines Tages immer schwächer werden musste, sich gegen ihn zu wehren, denn sie musste sich auch oft körperlich dafür hergeben, um seinen Zorn zu besänftigen. Dann wurden ihre ersten Kinder geboren und Adam rief auch sie auf so zu denken wie er. Und weil es dann bald auch bei ihren Kindeskindern nur noch Neid und Kampf und dann auch Kriege gab, verlegten die Gotte noch einmal ihren Versuch auf eure heutige Erde und versuchten dort alles besser zu machen.
Was machten sie besser? Und was geschah mit der ersten Erde und mit den Nachkommen Adams und Evas und was geschah mit Adam und Eva, fragst du, und ich will weiter antworten:

Viele von euch haben noch diesen Erfahrungsprint in sich. Auch du lebtest damals mit einer größeren Anzahl schon auf dieser ersten Erde; von dieser Zeit kennst du bereits deinen geliebten Seelenpartner Wigi, der dir so viel bedeutet*. Kannst du jetzt verstehen, was ihr bereits alles durchgemacht habt und durchmachen musstet? Mal als Mann und mal als Frau? Ja, auch du warst damals ab und zu der wütige Mann, der auch gerne so wie Gott sein wollte. Und da bekommst du nun von mir die Antwort auf die Frage, warum das auch noch heute so ist und warum wieder – auch auf eurer jetzigen Erde – alles falsch gelaufen ist, warum das nicht ausgemerzt werden konnte, bis heute. Warum der Neid und die Gier und die Wut und auch der übermäßige Stolz der Männer nicht ausgewaschen werden konnte.
Leider, das muss ich dir sagen, ist es so, dass in den Erschaffungselementen der Clou für die Antwort liegt – und auch die LILA hat ja schon einmal in deinem Buch „Briefe an die Weltenbürger –

** Es hat mich doch sehr überrascht, dass ich nun meine irdische Inkarnationsgeschichte mit meinem Seelenpartner, wie im Buch „Wighart der Ritter der Schwerter – Die Geschichte einer Seelenpartnerschaft über den Schleier hinweg –", beschrieben, zumindest zum Teil auf die erste Erde transponieren muss und wahrscheinlich ist es so, dass viele Sehende, die die Zeit von Lemuria und Atlantis auf unserer jetzigen Erde beschreiben, dieses mit ihren Sichtungen nun auch zum Teil tun müssen.*

Neue Vorgaben für die Neue Zeit –" davon gesprochen, dass das Männliche, sprich die männlichen Elemente Feuer und Luft, die Macht haben zu erschaffen, denn schließlich habe ich bisher immer von dem männlichen Gott und den männlichen Gotten gesprochen, was dir nicht besonders gefallen hat. In diesen Elementen steckt deshalb auch oft *zu viel Willen.* Natürlich, wenn Gott alles beatmen muss, dann braucht er diese Kraft, aber sie kann auch daneben gehen. Doch Gott und die Gotte fanden mit der Zeit heraus, alles in eine Balance zu bringen, also den negativen und positiven Pol der Macht immer gut auszutarieren, und sie fanden dafür auch schon schnell heraus, dass die weiblichen Elemente Erde und Wasser dafür zuständig sind, ein Gegengewicht zu schaffen. Doch die Menschen auf der Erde fanden das bis heute nicht heraus, aber sie sollten das möglichst schnell herausfinden, denn sonst ist es zu spät. Natürlich, in eurem täglichen Leben balanciert ihr ständig die Kräfte der Elemente aus. Beim Kochen das Feuer, sonst würde ja alles verbrennen oder eure wütenden Gedanken, denn sonst würdet ihr ja alles sofort davonfegen und töten wollen, da haben die meisten von euch das schon fast immer gut im Griff. Aber insbesondere den Männern mit ihren überschüssig angeordneten männlichen Elementen, konnte das bis heute nicht so gut gelingen, denn zum Gelingen des Ausbalancierens fehlte ihnen die große Schöpferkraft mit dem starken Willen und vor allem das Verantwortungsbewusstsein Gottes, das ihnen ja nur durch ihre Eltern und spirituellen Lehrer anerzogen werden kann. Da die weiblichen Kräfte von den weicheren Elementen Erde und Wasser gekommen sind, konnten sich die Männer immer wieder an und in ihnen löschen. Das taten sie gerne, aber sie wollten nicht von euch dauerhaft lernen. Das hat euch Frauen bis heute nicht sehr gutgetan, aber ich will euch auch noch auf eure Heilungsmöglichkeit dieses Urgrundes hinweisen. Dazu aber später*.

** Siehe auch das Kapitel: „Die Feinstofflichkeit", Seite 77.*

Erst einmal sprechen wir aber immer noch von der männlichen Schöpferkraft und darum spreche ich immer vornehmlich von den männlichen Energien der Schöpfungswelt, die in den Elementen verborgen ist. Aber nicht nur Gott, sondern auch die Elemente mussten lernen, ihre weiblichen Kräfte zu erkennen und damit die überschüssigen Kräfte der männlichen Elemente Feuer und Luft auszutarieren. Denn wenn Gott Schönheit und Liebe entwickelte, dann bediente er sich ja vornehmlich der weiblichen Elemente: Erde und Wasser.

Sei nicht traurig, aber du ahntest es ja schon – und hast das die letzten Jahre oft und lange in dir herumgerührt, und nicht ohne Grund herumgerührt, denn ich wollte es so, dass du für dieses Buch immer wieder im Vorwege darüber nachdenkst –, dass Gott nicht eine Frau sein kann, weil die Schaffenskräfte der männlichen Elemente nicht genug in ihr ausgeprägt sind. Nein, das Weibliche ist nicht Gott, aber Göttin, und es hat damit die Stellung alles weicher zu machen, sozusagen eine Nachhutstellung. Sie ist die Aufseherin des Zuviels an männlichen Elementenenergien und soll diese herunterholen. Aber die Wahrheit ist, dass letztendlich die Männer das selbst zu lernen haben – ihr braucht das nicht so sehr, denn ihr habt das ja vermehrt in euch, das ist eure Natur! – genauso wie ihr die Schöpferkräfte der Männer zu benutzen lernen sollt, um selbst schöpferisch zu sein. Aber da ihr auch Kinder bekommt, ist der Hunger nach der großen Schöpferkraft in euch zumeist schon gestillt. Und darin liegt ein großes Glück, aber auch eine große Falle. Ihr seht also, die Welt, sprich die Menschheit, ist nicht perfekt. Wie sie mit den Elementen umgeht, darin liegt ihr Sündenfall. Die Elemente stehen euch immer zur Verfügung, ihr müsst nur lernen, sie richtig zu gebrauchen – so wie es für die Elemente Gott geben musste, um sie zu steuern, so brauchen die Elemente auch euch auf der Erde, ihr müsst das nur erst einmal wissen, verstehen und immer wieder in euch herumrühren und sie auch zu gebrauchen lernen und vor allen Din-

gen, die weiblichen Elemente respektieren und auch lieben zu lernen.
Nun will ich euch noch einmal vom Gott Tod erzählen. Denn auch er kommt noch einmal darin vor, wie ihr mit den Elementen umgeht. Ihr tötet zu viel und wenn ihr zu viel tötet, dann kommt alles in eine Schieflage und Leben kann nicht mehr richtig gestaltet, sprich kreiert werden. Ihr glaubt ein Baum wächst wieder nach – aber was habe ich euch von Gott erzählt, wenn er etwas nicht richtig gestaltete? Dann musste er es wieder dem Tod überlassen. Aber ihr tötet das Wohlgestaltete, das, was nicht in der Stofflichkeit vergehen sollte, das erst dann sterben sollte, wenn es ausgelebt war. Ihr musstest den Baum nicht töten, weil er in der Evolution störend oder krank war. Es gab keinen Grund diesen Baum aus eurer Evolution herauszunehmen. Es war nicht Gottes Wille, es war eurer – oder eure Dummheit! Ihr spielt den Todesgott mit jedem Baum und jedem Tier, das ihr tötet, um Platz für euch selbst zu bekommen oder daran zu verdienen!
Seht ihr eure Mitschöpferkraft, welche Falle sie bereithält, aber auch welche Möglichkeiten? Und je mehr ihr Tötungsmacht benutzt – also eure Feuerenergie! – umso mehr tötet ihr die Macht der Frauenelemente und ihr tötet damit Liebreiz, Anmut, Liebe, Freude und Schönheit, die sich in diesem Baum für euch alle, auch für die Tiere!!!, präsentieren sollten.
Es war nicht Gottes Wille eure Erde so traurig zu machen, es ist euer eigener Wille! Und seht ihr wo ihr hingekommen seid? Ihr sollt Mitschöpfer werden, aber nicht Mittöter. Denn „Gott Tod“ benutzen wir immer nur dann, wenn etwas falsch kreiert und damit nicht lebensfähig oder ausgelebt, also alt ist, oder, wie schon über die Dinosaurier erklärt, wenn Geschaffenes nicht richtig kreiert wurde oder auch, wenn bei euch alte Familien für immer aussterben sollen, weil ihr genetischer Pool vollkommen ausgeschöpft und damit erschöpft ist. Noch eins gibt’s zu sagen: Es haben sich immer Zeitzeugen gefunden, die das alles verstanden haben, so wie du, mit der ich jetzt spreche, und die das auch für

ihre Nachkommen aufschreiben soll. Wenn nichts anderes passiert, dann wird den „Verlag LILA Das göttliche Spiel“ nicht schon schnell das Zeitliche segnen. Das war nicht und nie gedacht. Im Gegenteil, er wird Sprachrohr für viele Generationen sein, die daran zurückerinnert werden sollen und müssen, dass es nur ***eine*** Menschheit gibt, die es sich nicht leisten kann vorzeitig auszusterben, weil es Gottes Wille war etwas von ihm fast Gleichgestelltes auf die Erde herunterzubringen.

Eure erste Erde ist nicht mehr der Himmel auf Erden. Ihr habt sie kaputt gemacht, genau so, wie ihr es jetzt mit dem zweiten Versuch wieder tut.

Eure erste Erde liegt tot und verlassen da und nur manchmal murmelt noch ein Bach aus alten Zeiten. Das ist euch von ihr verblieben, und wenn ihr bei euch so weitermacht, dann wird es die Hölle geben, denn ihr habt Altlasten hinterlassen, die noch nicht einmal mehr ein Murmeln eines Baches zulassen werden (siehe dazu auch meine Anmerkungen*,** und ***, ab der nächsten Seite). Es ist nicht so, wie viele Gutgläubige es meinen, dass die Erde sich schon immer wieder selber helfen kann. Nein, sie wird sterben, wenn ihr sie weiterhin nicht mehr pfleglich behandelt, und sie wird davon nicht mehr kuriert werden können. Nun habt ihr ja gehört, dass evtl. eine neue Erde kreiert werden wird, die noch perfekter werden soll.
Aber das ist Zukunftsmusik. Eine Kreationsmöglichkeit, eine Eventualität! Ihr habt keine Sicherheit, dass das geschehen wird!
Verlasst euch nicht darauf!

Wäre es nicht wunderbar, wenn ihr es wäret, die diese, eure jetzige Erde, perfekt machtet und damit eine Umkehr gestalten würdet? Dann wäre die dritte Erde gar nicht mehr nötig. Und das ist der Sinn!
Euer Mitschöpfertum ist der Sinn!!!

In der atlantischen Zeit eurer heutigen Erde, hatte man davon noch gewußt, denn es gab damals noch viele Wesenhafte aus Gottes Reichen, extra von ihm kreiert, um ihm zu helfen, die sich zu euch auf die Erde inkarnieren mussten, um euch zu unterrichten. Und auch jetzt – in eurer jetzt angebrochen Neuen Zeit – gibt es wieder viele Helfershelfer aus dem Kosmos, die von Gott, dem Superdesigner, auf die Erde geschickt wurden, um euch eine neue Schulung zu ermöglichen. Gott, der Superdesigner, war dazu gezwungen. Er war durch eure stetig gewachsene Entfernung zu ihm in Zugzwang gekommen!
Und jetzt beim Channeln fragst du mich: Viele Männer sind so stark und so brutal geworden und da soll alles besser werden, wo doch die Elemente in ihnen das so machen? Und außerdem haben sich die weichen Menschen – die von Gott gesandten, um die Erde jetzt als Lichtarbeiter besser zu gestalten – vor ihnen bereits in den Nischen verkrochen und sind ziemlich stumm geworden. Ja mein Engelchen, dafür bist auch du da und du gewährst uns eine Chance, das auf Erden zu heilen, was unbedingt geheilt werden muss, also das, was in eine Schieflage geraten ist – was ja die Schieflage der Elementenausbeutung ist – wieder zurechtzurücken. Du hast deinen Verlag dafür erstellt, und du weißt jetzt noch mehr als zuvor, wozu er sein musste. Amen

* *Auch wenn ich für dieses Buch nichts dazu gesagt bekommen habe, welcher Planet die erste Erde gewesen war, schließlich sollen es die Forscher ja herausfinden, so ist es für mich immer mehr der Mond.*
Als kleines Kind, mit etwa sieben Jahren, setzte ich mich manchmal in der Nacht in meinem Schlafzimmer auf die Fensterbank, um in den Himmel zu sehen. Das tat ich immer dann besonders gerne, wenn unser Mond von der Sonne ganz angestrahlt wurde. Tief in mir schien etwas über ihn im Verborgenen zu liegen, an das ich aber – beim besten Willen – nicht herankommen konnte. Ich ahnte da ja noch nicht, dass ich einmal dieses Buch durchgesagt bekommen würde. (Ich sollte damals noch nicht einordnen können, zu was ich eines Tages als Channel gedacht war. Ich denke, ich wäre daran verrückt geworden, weil mir keiner geglaubt hätte und ich das Wissen mit meinem Kindergehirn ja auch noch nicht hätte gut genug einordnen und erklären können – und natürlich wären die soziologischen Strukturen gegen mich gewesen. So erging es mir ja schon mit anderen Sichtungen, die ich als Kind gehabt hatte. Interessanterweise war ich zu dieser Zeit auch „mondsüchtig“). Und nun dazu meine anderen (wissenschaftlicheren) Gründe, warum es der Mond sein soll:

1. Nach aktuellen wissenschaftlichen Aussagen sind unsere heutige Erde und der Mond gleich alt (etwa 4,5 Milliarden Jahre). Christopherus hatte bereits auf Seite 38 gesagt, dass die Gotte am Anfang der Entstehung der ersten Erde eine Kopie von ihr gemacht hatten, um sich daran zu üben (Wortlaut: „Diese vielen neuen Gotte machten sich für ihre Ideen erst einmal ein Abbild von diesem Planeten, um sich daran zu versuchen"). Wahrscheinlich entschied man dann genau diese Kopie als unsere heutige zweite Erde zu nehmen und belebte sie erneut.

2. Es wurde von ihm auch gesagt, dass für eine gute Kopie immer die Nähe zum Original wichtig ist. (Später auf Seite 71).

3. Meine beste Freundin Almut Starke, kam eines Tages mit der Idee, dass man die erste Erde zum Mond hat werden lassen, indem man sie „einfach" weggerückt hat und dadurch denselben Platz für die zweite Erde nehmen konnte, d.h. dass da, wo wir uns jetzt mit unserer zweiten Erde in unserem Sonnensystem befinden, auch die erste Erde gewesen war (siehe dazu wieder Seite 71: „...wurde die zweite Erde wieder in die Milchstraße, bzw. am Rande der Milchstraße, kopiert" und „...man klickte auf „Einfügen" und musste dafür noch nicht einmal einen geeigneten Platz schaffen – denn der war schon da"). Und damit konnte die zweite Erde auch denselben Stand zur Sonne behalten, was ja für alles Leben auf der Erde von äußerster Wichtigkeit ist.

4. Außerdem wurde gesagt: „Eure erste Erde liegt tot und verlassen da und nur manchmal murmelt noch ein Bach aus alten Zeiten" (Seite 47). Wenn für dieses Buch – das uns in Bildern die Schöpfungsgeschichte noch genauer als bisher die Bibel erklären soll – von einem „Bach aus alten Zeiten" gesprochen wurde, so sollte man das eben auch als (wunderbares) Bild und nicht all zu wörtlich nehmen; da kann das Wasser auf dem Mond durchaus verteilt gemeint sein. Früher dachte man, dass der Mond staubtrocken ist, was aber meiner Meinung nach nicht geht, da er sich sonst nicht in sich zusammenhalten könnte.

Heute weiß die Wissenschaft dazu schon mehr. Dazu „Astronomie: Mehr Wasser auf dem Mond als vermutet..." unter http://www.stern.de/wissen/kosmos/astronomie-mehr-wissen.de: „Die 2008 gestartete indische Raumsonde Chandrayaan-1 lieferte erstmals Daten, die bewiesen, dass es Wasser auf dem Mond gibt. Den Auswertungen zufolge soll es fast über die gesamte Mondoberfläche verteilt sein" und:„Die Wissenschaftler gingen bislang aber von kleinen Mengen aus. Man nahm an, dass der Wassergehalt in Mondgestein unter einem Teilchen pro Milliarde (ppb) liegt. Mit der Arbeit von Wissenschaftlern um Francis McCubbin von der Carnegie Institution for Science in Washington ändert sich das nun: Die Forscher entdeckten, dass der Gehalt mindestens um das Hundertfache höher liegt und möglicherweise sogar fünf Teilchen pro Million (ppm) erreicht".

*** Der Eninger Dipl. Psychologe und Autor Günter Fleisch, Weihenstr. 2/1, 72808 Eningen u. A., Tel. 07121-83451, bei dem ich Lesungen und Seminare halte, hat mich darauf aufmerksam gemacht, dass auch Leopold Engel, ein österreichischer Mystiker, im 19. Jahrhundert das Schöpfungsgeheimnis channelte, dass es bereits eine erste Erde* *gab (zu finden auch in Günter Fleisch's Buch „Aus der anderen Welt", Seite 16). In Engels zehnbändigem Werk „Das große Evangelium Johannes", finden sich Hinweise auf einen in unserem Sonnensystem untergegangenen Asteroiden mit Namen „Mallona", der einst durch eine hochentwickelte und böse Menschheit vernichtet wurde. Da dieser kleine Planet aber nicht mehr existiert, kann er wohl unsere ehemalige erste Erde nicht gewesen sein, von der in diesem Buch die Rede ist, da sie ja immer noch wie ein Mahnmal am Himmel stehen und auch schon bald entdeckt werden soll. Es war für Leopold Engel als Channel sicher nicht leicht, Durchgesagtes immer richtig einordnen zu können. Im 19. Jahrh. hatte man noch nicht so viele astronomische und physikalische Erkenntnisse gesammelt wie heute, und auch kein Internet um nachforschen zu können – und vielleicht sollte das Geheimnis ja auch bis heute ein Geheimnis bleiben.*

**** Früher zog auch ich immer wieder die Venus als erste Erde in Erwägung (bis zu den Durchsagen zu diesem Buch), weil viele Esoteriker, so auch ich, sagen, dass sie von der Venus abstammen; was allerdings feinstofflicher Natur gemeint ist. Dass auch sie von anderen Sternen-Systemen, wie Orion oder Sirius abstammen, wird auch von Geheimbünden wie den Freimaurern oder auch Alice Bailey gesagt (siehe auch Robert Temple „The Sirius Mystery", Destiny Books, der davon spricht, dass wir vor etwa 7.000 bis 10.000 Jahren von weitentwickelten Wesen vom Sirius aufgesucht wurden und auch die Dogons, ein afrikanischer Stamm, sprechen davon, dass sie vom Sirius abstammen). Alle Sterne sind mit ihrem Wissen familiär untereinander so verbunden, dass die Herkunft von einem Stern immer auch mit der Herkunft von anderen Sternen (z.B. Venus und Sirius) – und auch Sternensystemen – einhergeht und viele dort lebende geistige Lehrer haben auch die Fähigkeit erworben, sich auf der Erde zu ver- und entstofflichen.*

Und nun ein Zitat aus „http://www.pm-magazin.de/de/wissensnews/wn_id886.htm mit der Überschrift „Leben auf der Venus":
„So gebe es in der Venus-Atmosphäre deutlich weniger Kohlenmonoxid, als der Strahlung und Helligkeit der Sonne nach zu erwarten wäre. Das Gas könnte von Bakterien verbraucht worden sein, mutmaßt Schulze-Makuch. Zudem wurden in der Venus Atmosphäre Hydrogen-Sulfid und Schwefeldioxid gefunden, zwei Gase, die normalerweise nie zusammen gefunden werden, da sie miteinander zu einer anderen Substanz reagieren. „Irgendetwas" müsse die Gase immer wieder nachproduzieren..."*
*... und: „Ein noch deutlicherer Hinweis für Leben auf der Venus ist für Forscher das Vorhandensein von Kohlenstoff-Sulfid in der Atmosphäre. Die künstliche Herstellung dieses Gases ist so schwierig, dass es als eindeutiger Beweis für biologische Aktivität gelte. Schulze-Makuch nimmt an, dass in den Wolken der Venus Organismen leben, die den Ur-Bakterien der Erde ähneln". *Dirk Schulze-Makuch ist Astrobiologe.*
Wenn die Venus auch heute nicht belebt ist, so kann sie aber zwei Milliarden Jahre lang bewohnbar gewesen sein: So lange herrschte auf diesem Planeten ein erdähnliches Klima, haben auch Forscher vom „Southwest Research Institut" in Texas herausgefunden. Nach ihren Berechnungen gab es auf der Venus zwei Milliarden Jahre lang Ozeane und ein gemäßigtes Klima – lang genug, damit Leben entstehen konnte. Danach soll es zu einem drastischen Klimawandel gekommen sein: Die gesamte Oberfläche des Planeten ist geschmolzen. Die Ozeane verdampften. Heute ist die Venus unbewohnbar. 400

Grad Celsius herrschen auf ihrer Oberfläche, aus ihren Wolken regnet es Schwefelsäure.
Auch dem Mars wird immer wieder ehemaliges Leben zugeschrieben. Wenn ich den Satz von Seite 41 richtig deute: „Es gab nur fast tote Materie, so wie ihr heute den Mars seht, der wirklich ein besonderes Unglück in seiner Erschaffung war, weil dort bestimmte Elemente fehlen und damit ein Leben auf ihm verunmöglicht wurde", so kann es danach auf ihm aber nie Menschen gegeben haben.

——

Man stelle sich vor, dass der Mond als Mahnmal ständig über uns hängt! (Von uns aus gesehen) und wir dafür blind sind, ihn als unsere erste Erde zu erkennen. Ist das nicht traurig? Es zeigt mir aber auch die Wichtigkeit auf, dass wir gerade jetzt für die heutige Neue Zeit durch dieses Buch daran erinnert werden sollen, dass es schon einmal eine erste Erde gegeben hat, um nicht noch weiterzugehen in unserer Maßlosigkeit uns alles zu nehmen und unsere Menschenpopulation so überzustrapazieren (wir nehmen uns ja bereits so viel, dass wir schon jetzt eine weitere – eine dritte – Erde bräuchten). Man muss sich nur vorstellen, welch eine zweite Erde wir dieses Mal im schlimmsten Fall hinterlassen würden: mit Kernkraftwerken und ihren radioaktiven Müllabfällen, Plastik en masse, Chemiefabriken mit ihren Chemikalien auf der ganzen Erde verbreitet, die Ozeane voller Öl u.v.a.m. (Dazu empfehle ich auch das Buch von Alain Weisman „Earth without People", deutsch „Die Welt ohne uns", Piper Verlag, in der der Autor eine Spekulation darüber versucht, was von unserer Kultur übrig bliebe, wenn der Mensch ab sofort von der Erde verschwände).

Barbara Marciniak schrieb in „Lichtfamilie", Bauer Verlag, Seite 230:
„Auf der Erde lasst ihr euch vom Mond, der euch beeinflußt, verzaubern und unterhalten. Ihr werdet lernen, mit diesem Himmelskörper noch stärker in Verbindung zu treten, wenn ihr begreift, daß der Mond eine Geschichte zu erzählen hat, die viele der euch noch fehlenden Schlüssel zur Entfaltung eures Unterbewusstseins enthält".

Es zeigt mir auch die Wichtigkeit auf, dass der Mensch den Mond aufsucht und erforscht. An eine ehemalige Mondlandung habe ich aus den verschiedensten Gründen nie geglaubt, die hier zu erwähnen, aber den Rahmen sprengen würden. Trotzdem dazu ein Satz: Und warum hat man die Mondlandung dann nie mehr vollzogen und den Mond nicht längst – nach so vielen Jahren – bewohnbar gemacht und auch ausgebeutet, wo doch alles ausgebeutet wird, was auszubeuten ist, warum kreist man dann seitdem eigentlich immer noch nur um die Erde herum? Fehlt uns doch noch die Technik dazu mit den schwierigen Bedingungen des Mondes fertig zu werden?

Dieses Buch lädt wirklich zum Nachdenken und zu vielen Spekulationen ein und die Sache mit dem Mond kann bis zur Veröffentlichung dieses Buches allen (meinen) Spekulationen noch am ehesten standhalten. Und dass wir nicht explizit die Lösung vorgesetzt bekommen haben und die erste Erde selbst finden sollen, das macht auch viel Sinn. Vielleicht schätzen wir unsere jetzige Erde dann auch wieder mehr, das wäre zu hoffen!

Jetzt kommen wir zum Nordpol und zum Südpol. Und warum? Weil es nichts Schöneres für uns gibt als sie beide anzusehen – den Schnee und die Eismassen und die Tiere darauf. Auch wenn wir wissen, dass ihr Menschen darauf nicht einfach so, ohne Schutz und Hilfe, überleben könnt. Aber ihr müsst ja nicht überall sein und überleben können. Aber die Tiere können es und das war auch erst einmal der Sinn.

Jetzt sollt ihr noch einmal der Zeit vor der Schöpfung von Leben auf der Erde Respekt zollen, und dafür erzähle ich euch noch mehr. Es war ja so, dass dieser Planet in einem Raum schwebte, und dass es darum auch die Gesetze – die Grenzgesetze der Physik – geben musste, die zu beachten waren. Und um das zu erklären, springe ich wieder ein wenig in der Zeit.

Lange bevor die Natur auf die erste Erde gebracht werden konnte und Adam und Eva erschaffen wurden, hatten sich die Gotte gefragt, wie können wir diesen Planeten stabil halten, der ja im Kosmos herumschwebt und ihn dabei allein lassen, d.h. gewähren, dass diese Stabilität für immer gilt? Also Gott, der Superdesigner, fragte sich, wie er die Erdachse ausrichten und euch damit ein gesichertes Leben geben könnte, ohne dass die Erde im Weltraum herumtrudelt. Diese Frage war nicht einfach zu beantworten. Auch dafür wurde wieder unter den verschiedensten Gotten viel nachgedacht. Auch dafür gingen sie wieder in die Meditation, und sie hielten danach große An- und Absprachen ab. Das eine und das andere, was man gesehen hatte, wurde ausgetauscht und verifiziert. Dann wurde darüber abgestimmt, was man am besten machen sollte; was am längsten Bestand hatte und auch wirklich Sinn machte. Aber da noch keiner damit Erfahrungen hatte, entwickelte

man wieder erst bestimmte Muster und versuchte sich an ihnen auf verschiedenen Planeten, die es bereits gab. Man wollte sich für die Erde nicht verschneiden (diesen Ausdruck wählen wir wieder, weil wir ja auch schon das Beispiel mit dem Schneidern eines Kleides gewählt hatten und es der ganzen Sache am nächsten kommt). Man wollte einfach erst ein paar Prüfungen bestehen und für diese Prüfungen, die wieder eine sehr sehr lange Zeit in Anspruch nahmen, wählte man dieses Mal nicht nur einen, sondern verschiedene Planeten aus, denn die einen waren dafür mehr und andere weniger geeignet. Die Gotte versuchten es auf erdnahen Planeten und Trabanten, denn es sollte ein leichtes sein, einfach eine Kopie zu übertragen; für eine gute Kopie war und ist immer die Nähe zum Original wichtig.
Ja, die Gotte setzen sich also hin und dachten viel nach, und sie kamen darauf, einen Planeten in seiner Geschwindigkeit herunterzubremsen, denn wenn die Planeten im Himmelszelt waren, dann wurden sie durch die Gravidität, die die anderen Planeten erzeugten – je nach Masse und Nähe – beschleunigt oder verlangsamt. Und so erkannten sie, dass dieses bereits aus sich selbst heraus existierende kosmische Spiel auch etwas für sie bereit hielt; nämlich eine Perspektive, die Erde zu entschleunigen. Wieder dauerte es viele viele Millionen Jahre des Nachdenkens, bis sie darauf kamen Planeten hinzuzugeben aber auch wegzunehmen, um die Erde und ihre nahen Planeten und Trabanten – am Rande der Milchstraße, die jetzt bereits existierte und auch ihre eigene physikalische Natur zeigte – auf die richtige Weise abbremsen zu können. Dafür war auch die Schwere der Erde kolossal wichtig, die sich bei euch heute ja auch noch immer weiter verstärkt und damit eine weitere Entschleunigung erhält. Aber erst war es einmal so, diesen Plan auszuführen und die Gotte besprachen das mit dem Todesgott, und er ließ auch wieder einige Planeten und Sterne sterben, damit die physikalischen Begebenheiten insgesamt stimmten. Sie hinterließen erst einmal viel Staub, der es auch machte, dass die Erde noch langsamer wurde, weil der Staub auch

um sie herumwirbelte und auf ihr zu liegen kam. Das ging Schritt für Schritt und die Gotte sahen zu und waren zufrieden. Sie gingen in dieser Zeit selbst in eine Verschnaufpause und wollten erst einmal sehen, was passieren würde, wenn man alles sich selbst überließ. Und das machte Sinn, weil sie schon so viel erschaffen hatten, dass bereits eine eigene physikalische Natur und Kraft der erschaffenen Dinge entstanden war. Und das war auch richtig gewesen, weil es sonst keinen Sinn gemacht hätte weiterzumachen. Abwarten können ist auch für die Gotte, die bis jetzt immer schöpferisch und sehr kreativ und auch fleissig gewesen waren, nicht so leicht gewesen. Denn, das wisst ihr ja auch auf Erden, wenn ihr schöpferische Menschen seid, dass es nach getaner Arbeit immer schwer für euch ist, eine Ruhepause einzulegen. Aber das war in diesem Falle wichtig, weil es mittlerweile so viele physikalische Wirkungen der Planeten untereinander und des kosmischen Gesamtspiels gab, dass die Gotte lernen mussten: Was tat sich da nun eigentlich untereinander?
Die Erde fiel so in einen großen Schlaf, den wir einfach Entschleunigung nennen wollen. Aber immer noch war die Erde nicht ruhig genug und die anderen Planeten waren auch nicht imstande sich so schnell zu entschleunigen und anzupassen. Deshalb wurden die Pole wichtig. Sie schufen eine weitere Maßnahme, die Erde noch weiter zu entschleunigen und damit herunterzufahren, so dass Leben auf ihr möglich wurde. Das war noch vor der Zeit, bevor Leben auf ihr entstand. Ich spreche also immer noch von der ersten Erde.
Dazu kamen einige Schöpfer auf die Idee sich mit dem Magnetismus der Erde noch weiter zu beschäftigen als bisher. Das war nicht leicht, weil man wieder nicht all zu viel Ahnung damit hatte. Die Erde aber hatte viele Eisenerze und die nahm man nun und verlagerte sie in Richtung Nord und Süd – von euch aus gesehen. Das schaffte es, dass die Erde stabil gehalten werden konnte, und dass sie begann, sich einfach um ihre eigene Achse zu drehen. Ja, dass sie immer die gleiche Drehachse um sich selbst halten konnte

und nicht in verschiedene Richtungen kreiselte, denn dann hätte sich kein Leben auf ihr festhalten können – so wie ihr als Kind einen Eimer Wasser genommen und euch mit ihm herumgedreht habt und das Wasser konnte sich trotzdem in ihm, ohne einen Tropfen zu verlieren, halten. Das war als Kind oft eure erste Physikstunde. Dies ist ein gutes Beispiel dafür, wie es die Gotte damals angedacht hatten, und sie fanden sich ziemlich erfolgreich damit. So war das geschehen und so geschieht das auch dann wieder, wenn es wiederum zu einer neuen Erde kommen sollte. Diese Möglichkeit schaffte es auch wieder inne zu halten und sich nun mit den zukünftigen Lebewesen zu beschäftigen, die auf die Erde kommen sollten – die man ja vorher auch schon vorgeträumt hatte. Die Gotte waren große Kreatoren. Aber sie waren auch oft unzufrieden, wie es eben jemand ist, der Schöpfung betreibt. Und darum mussten sie auch lernen ihre Schöpfungskrisen zu bemeistern. Auch das war nicht leicht. Auch das habt ihr als Wesenszug in euch, insbesondere die, die den Archetyp des Künstlers, Heilers, Kriegers und Gelehrten stark in sich tragen. Sie müssen immer wieder lernen stille zu halten und sich selbst mahnen nicht zu schnell vorwärts zu gehen, so wie auch du es weißt, seitdem du so schaffensfreudig geworden bist, dass auch du dich immer wieder zurücknehmen musst. Auch hier beim Channeln geht es immer nur für eine gewisse Zeit. Dann gebe ich dir nichts mehr durch, um deine schöpferische Kraft nicht vollkommen auszubeuten. Und du weißt ja, dass ich wieder genau an der Stelle ansetzen kann, an der wir aufgehört haben.* Deshalb sagst du ja auch

** In meinem Buch „Briefe an die Weltenbürger – Neue Vorgaben für die Neue Zeit –", hatte ich erklärt, wie man mittels Kristallen eine Telefonleitung zum Himmel und den verschiedensten Himmelsebenen legen kann, für dieses Buch aber hat Christopherus mich darin eingewiesen, wie er in mich hineinkriechen kann – und wie ich das anzunehmen habe –, so dass ich sogar sein Gewicht bis in meine Fingerspitzen hinein spüre, wenn er mich beim Schreiben leitet.*

manchmal: „Ich weiß nicht, wie ich das tue. Ich stelle mich einfach zur Verfügung und es geschieht einfach immer richtig.“ Du bist dann ich und ich bin du geworden und deshalb hast du das Gefühl, dass du alles noch mehr aus dir selbst herausschaffst, obwohl ich ja bei dir bin. Aber dieses Gefühl ist nicht falsch, im Gegenteil, es soll so sein...
Schöpferische Pausen sind für deine eigene Wohltat wichtig, aber auch darum, weil man nicht immer schöpferisch sein kann, d.h. ausführend sein kann. Man braucht auch die Pausen, die keine Schöpfungskrisen, sondern ein Aufbruch zu neuen Gedanken sind, auch wenn ihr denkt ihr seid faul. Also für alle diejenigen, die ihr schöpferisch seid: Setzt euch dann in ein Cafe, geht in die Natur, spielt mit euren Kindern und seid einfach nur selbst ein Kind und lasst euch auch pflegen und habt vor allen Dingen kein schlechtes Gewissen. Das ist alles wichtig und das mussten auch die Schöpfergotte lernen. Das war nicht einfach zwar, denn sie mussten dafür dieselben Hürden überwinden wie ihr heute, aber es war wichtig das zu lernen. Und die Gotte lernten das aus sich selbst heraus und in großen Diskussionen, die nun durch das Weltall hallten.
Und wieder waren es lange und tiefe Töne, die sie dabei abließen und so wurde nicht nur der Gedanke – der schöpferische Gedanke – geboren, sondern auch das schöpferische Wort.

Ja, die Worte, die heute eure Sprache ausmachen, sie wurden in den Schöpfungspausen geboren. Erst war immer nur die stille Idee der Gotte da, dann aber kamen ihre Worte hinzu. Und die Gedanken wurden mehr und mehr zu neuen Worten, die nun ein großes sehr tiefes Geraune in den Kosmos brachten. Das sind auch die Worte, die euch heute erreichen, wenn ihr eine Idee habt, die aber eigentlich aus der Idee der Gotte entstand, die ihr aber nicht mit euren physischen, sondern nur mit euren ätherischen Ohren hören könnt.*

** Diese Worte ließen mich darüber nachzudenken, warum es Menschen – wie mich – gibt, die fähig sind im tiefen Infraschallbereich (noch unter 19 Herz) zu hören, und die darum auch oft unter den tiefen Tönen unserer Motoren und Pumpen leiden, die diese tiefen Töne zumeist mitschleppen. Ich frage mich, ob das für alle Lichtarbeiter gilt, die schon darum, weil sie aus feinstofflicheren Ebenen – auch Engelsebenen – kommen, ein feineres Hörgefühl für die tieferen Stimmen ihrer kosmischen Brüder und Schwestern haben müssen (durch ihre Nähe zu Gott müssen die noch höheren Engel ja auch die tieferen Worte des Superdesigners und seiner Untergotte hören können, sonst könnten sie ihren Anweisungen nicht folgen). Unser stoffliches Ohr kann ja immer nur der Ausdruck unseres feinstofflichen Ur-Prints sein. Christopherus selbst hat auch eine sehr tiefe Stimme und hat mich, während ich diesen Gedanken tagelang in mir abwog, immer wieder mit seinen tiefsten Tönen angesprochen, um mich zu bestätigen.*

Nun fangen wir an von den stofflichen Elementen auf der Erde zu sprechen. Das ist wichtig, damit ihr in Zukunft eure eigene schöne Welt – die ja nur eine Teilwelt von allem, aber damit auch sehr besonders ist – besser versteht.

Es hatte sich so bestallt, dass die Erde nicht mehr trudelte, und dass man nun daran gehen konnte, alles das auf sie zu bringen, was man zuvor als Idee erträumt hatte. Und nun konnte man sich sogar miteinander mit Worten austauschen, die zwar noch nicht die Worte waren, die eure heutigen Worte darstellen, doch es waren schon die Worte der Gotte, die damit eine große Musik veranstalten konnten.

Die Gotte konnten es sich leisten, wieder in die Meditation zu gehen. Die Erde wirbelte in sich selbst wie ein Kreisel herum und sah schon ganz stolz aus. Das waren die Minuten – zeitlich im kosmischen Zeitkontext gesehen – in denen man darüber nachdachte, dass man ja nicht nur irgendwelche Formen auf die Erde bringen durfte, sondern dass diesen Formen auch Leben, also Bewegung, eingehaucht werden musste, damit sie in sich selbst selbständig sein konnten. Denn das war den Gotten auch damals schon sehr wichtig: wenn in etwas Leben eingehaucht wurde, dann musste es auch selbständig für sich selbst weiter bestehen können. So wie die Planeten am Himmel ja auch in sich weiter bestehen konnten. Diese Schaffensmöglichkeiten nannten sie ihre „großen Kreationen".
Es ging nicht nur darum, die Schöpfungen der Elemente auf die Erde zu bringen, sondern auch die Elemente noch einmal so in sich zu verstärken, um diese Schöpfungen lebensfähig zu machen und für so lange lebensfähig zu halten bis zu ihrem natürlichen

Ende. Das heißt: Mit eurer ersten Erde wurde nun auch erstmalig ein System erschaffen, das sich selbst erhalten sollte. Dafür war es wichtig, Sauerstoff zu entwickeln und die anderen wichtigen Gase zum Leben, und es war nun auch wichtig, die stofflichen Elemente so zu gestalten, dass sie sich allein erhalten konnten – damit sich das Leben von selbst aus weiter entwickeln und erhalten kann. Das heißt, auch eure jetzige, eure zweite, Erde ist ein System, das sich seit ihrer Ersterschaffung aus sich selbst heraus erneuern kann. Und damit seht ihr, dass es wichtig ist, dieses System zu lieben und zu pflegen und mit allem was auf ihr ist gut umzugehen und es nicht zu töten! Diese Entscheidung sollten immer nur die Gotte und Todesgotte zusammen vornehmen. Und ihr wisst ja mittlerweile aus meinen Beschreibungen, dass ein natürlicher Tod kein töten bedeutet, er ist ein etwas Wegnehmen, um etwas anderem Platz zu machen. Er ist eine Korrektur für zu alt, zu krank (was in der Entwicklung deformiert heißt) und zu viel Gewordenes. So weit, so okay!

Diejenigen Elemente wurden nun also auf die Erde gerufen, die zuvor zu ihrer Entstehung noch nicht so viel eingesetzt worden waren. War vorher nur das Wasser und die Erde und das Feuer da, so wurden ihr nun die Luftelemente eingegeben: Ja die Luftelemente mit ihren Gasen und Bewegungen, die äußerst wichtig sind für eure Zellen, waren es, die schließlich alles zum Leben erweckten.

Wir sagten ja, dass alle Kreaturen denselben Aufbau bekamen, um überlebensfähig sein zu können – eine Lunge, Verdauungsorgane und ein Herz. Damit es mit dem System der Selbsterneuerung und der Abnabelung von den Gotten klappen konnte, musste man sich auch überlegen, wie alles zu einer Selbstduplizierung gebracht werden konnte. Denn das wussten die Gotte ja noch von ihrer ehemaligen Manie Sterne und Planeten so lange zu duplizieren, bis der kosmische Raum nicht mehr für noch mehr von ihnen aus-

reichte, dass eine Duplizierung nötig war, um viele Körper herzustellen.* Aber sie wollten die Erde ja eines Tages sich selbst überlassen können – sie von sich emanzipieren, wir ihr heute sagen würdet – und deshalb gingen sie daran, über eine Eigenproduktion, sprich Selbstduplizierung der Formen, nachzudenken. Man hätte natürlich immer und immer wieder denselben Fisch kreieren können, um damit einen ganzen Fischschwarm herzustellen. Aber das wollte man nicht. Man liebte mittlerweile auch das eigene Spiel des Kosmos, der mit den physikalischen Gegebenheiten, die die Gotte im Kosmos geschaffen hatten, auch wieder etwas von alleine weiterentwickelte, wie ich das ja bereits mit der Graviditätswirkung der Planeten untereinander und den Auswirkungen auf die Rotationsgeschwindigkeit der Erde beschrieben hatte.
So musste man also daran gehen, über eine neue Form der Reproduktion von Formen, die lebensfähig und reproduktionsfähig sein konnten, nachzudenken. Wieder dachte man darüber lange nach. Und wieder gab es große Gedanken und damit Schöpfungspausen. Es gelang zuerst bei den Fischen. Die Fische konnten sich als erstes aus sich selbst heraus produzieren, dieses Phänomen habt ihr z. T. auch heute noch in euren Meeren. Diese Fische haben das Weibliche und das Männliche zu gleichen Anteilen in sich und können es je nach Wollen selbst anwenden. Das waren die ersten Möglichkeiten, sich größer zu probieren, denn zuvor war das

** Auch das heutige von uns mittels Technik auf ein Blatt Papier kopieren Könnens ist ein Abbild der selbst erworbenen Fähigkeit unserer Gotte und ein Geschenk an uns. Sheila Petersen-Lowary schreibt in ihrem sehr lesenswerten Buch „Die fünfte Dimension – Wege in eine andere Realität“, Heyne Bücher, Esoterisches Wissen, Seite 215f: „Chester Carlson, der Erfinder des Fotokopierers, gestand im Alter, daß er die Idee für seine Milliarden-Erfindung ausschließlich medialer Unterstützung verdankte. Während seines Geschäftslebens hatte er nie die ganze Geschichte erzählt, weil er fürchtete, sich lächerlich zu machen, doch in seinen späteren Jahren stiftete er Millionen für die wissenschaftliche Erforschung übersinnlicher Phänomene. Und kurz vor seinem Tod erzählte er dann, daß ihm eines Abends eine Stimme erklärt hatte, wie sich mit Hilfe einer elektrisch geladenen Walze Kopien auf Papier drucken ließen. Diese Erfahrung überzeugte Carlson von der Existenz der übersinnlichen Welt, und er wandte viel Zeit und Geld auf, um zu begleichen, was er als seine „Schulden“ betrachtete.“*

schon an kleineren Strukturen, wie den Amöben, ausprobiert worden, die sich auch nur aus sich selbst entwickeln konnten und da hatte es schon gut geklappt.

Die ersten Fische auf eurer Erde hatten alle diese Art von Vermehrungsmöglichkeiten in sich. Dann spaltete sich bei ihnen aber mit der Zeit dieses Zusammenspiel in eine Trennung ab. Das geschah fast von selbst. Mit Hilfe des Planktons, das die Fische bereits gut ernährte und in Überzahl da war, kamen die Gotte auf die Idee, von nun an immer zwei Arten von ihnen haben zu wollen und ihre Reproduktionsmöglichkeiten zu trennen. Denn sie sahen, die ersten Fische waren unaufhörlich am Schaffen und damit körperlich oft überfordert. So kam man auf die Idee eine Schaffensaufteilung zu machen. Den einen Fisch für die Eianlagen, den anderen für die Besamung. Und so kam es durch eine Trennung der Elemente zur ersten Erschaffung von männlich und weiblich. Bei dem einen Fisch wurden nun die männlichen Elemente angelegt, bei dem anderen die weiblichen. Das dauerte wieder ein wenig, das göttliche Spiel, bis es zu einer perfekten Symbiose von zwei gegengeschlechtlichen Fischen kommen konnte. Diese Fische konnten nun nicht mehr aus sich selbst heraus erschaffen, sondern sie teilten sich die Arbeit. Und diese Arbeitsaufteilung hält auch noch heute bei allen Kreaturen an, die nach dieser Idee geschaffen wurden. Alle Kreaturen, die davor entstanden waren, hatten noch die Möglichkeit der Selbstbefruchtung in sich und waren damit immer Zwitter und sind es auch bis heute noch, bis es zu ihrem natürlichen Ende kommen soll – wenn ihr nicht auch sie durch Überfischung vorzeitig ausrottet.

Es kann auch noch gesagt werden, dass damals auch bereits die Anlage von Mann und Frau als Mensch angedacht wurde, dass es aber noch vieler Zeiten bedurfte, bis sie sich entwickeln konnten.

Dafür musste es aber erst die höheren Säugetiere, die Wale und die Delphine geben. Aber immer waren auch an ihrer Entstehung die Elemente beteiligt – und vor allen Dingen nun eine noch feinsinnigere Aufteilung von ihnen in männlich und weiblich.

Du hast jetzt beim Channeln verstanden, dass die Geschichte von Adam und Eva die Geschichte der ersten Menschen auf der ersten Erde war. Und das stimmt genau! Diese Menschen waren die ersten in ihrer Entwicklung und sollten auch als Zeitzeugen dienen für die Entstehungsgeschichte der Welt mit ihren Schönheiten und Bedeutsamkeiten und Wunderbarkeiten.

Warum? Sie bekamen die Sprache Gottes und ein Gehirn zum Denken dafür mit. Und damit war wieder ein großer Fallstrick gegeben. Die Individualisierung des Menschen machte es nämlich, dass der Mensch nie so ganz zufrieden mit dem war, was er von den Schöpfungsgotten mitbekommen hatte. Gleichgestellt zu sein mit einem Schöpferwesen bedeutet auch selbst Schöpferisches in sich zu tragen. Das kann zufrieden machen aber auch das Gegenteil bedingen. So wie ein Bildhauer sein Werk lieben und gut behandeln, aber es auch wieder zerstören kann, hatten die Gotte ihre Werke durch den Todesgott ja auch wieder sterben lassen, wenn es nicht nach ihrem Plan verlief. So ging der Mensch mit der Zeit auch daran, das bereits Erschaffene und Erblühte verändern zu wollen – bis heute seid ihr so, bis zu eurer heutigen Kulturgeschichte. Ich sagte ja, die Menschen waren am Anfang noch naiv und süß* und von einer großen Verspieltheit. Das war,

** In schamanischen Rückreisen habe ich mir natürlich das anfängliche Leben der Menschen auf der ersten Erde angeschaut, und ich kann das nur bestätigen. Auffallend war, dass die Männer noch sehr gütige Gesichter mit vielen Lachfalten hatten und noch sehr verspielt waren, also noch keine Kriegsabsichten hatten. Sie waren mittelgroß und sie hatten eine mittelbraune Haut und ihre Haare waren zu einer Art Rasterlocken verklebt (es gab wohl noch keine Kämme, noch das Bedürfnis, sich kämmen zu wollen). Sie spielten in und mit der Natur und waren noch mit sich und allem zufrieden.*

bevor sie sich darüber bewusst wurden, dass auch sie mitschöpfen, also miterschaffen und damit Dinge verändern konnten. Aber erst einmal gehe ich auf diese Zeit ein, die ihr noch immer „das Schlaraffenland“ nennt. Dieser Begriff ist euch von der ersten Erde verblieben, weil ihr euch, auch heute noch, danach zurücksehnt, so ein Leben wieder haben zu dürfen, indem ihr euch einfach gefreut und im Geschaffenen gebadet habt und darum glücklich gewesen seid. Das Schlaraffenland bestand darum, weil ihr noch nicht essen und dementsprechend auch nicht arbeiten musstet. Auch wenn ihr eine Verdauung hattet, so kam sie nur zum Einsatz, um mal hier und da von den schönsten Früchten naschen zu können. Es gab noch keine giftigen Früchte, diese Evolutionsveränderung haben die Früchte erst später selbsttätig vorgenommen, weil sie sich vor bestimmten Tieren und auch später den Menschen schützen mussten.* Auch das war eure eigene Evolution.
Wir hatten schon mehrmals für deine Bücher im Zusammenhang mit den „Perlen von Shambhalla“ aus unseren Ebenen erklärt, dass Glück zu haben, eigentlich „eine Heimat zu haben“ heißt. Das war es, warum ihr glücklich wart. Ihr wart erschaffen worden und brauchtet einfach nur in dieser Schöpfung zu sein. Die Heimat gab euch die Erde mit allem was auf ihr mittlerweile in Fülle wuchs, und keiner kam auf die Idee etwas verändern zu wollen, bis...
Ja bis... Und da hat eure Bibel nicht ganz unrecht mit: „Bis sich Adam und Eva ihres Unterschiedes bewusst wurden“. Doch ganz genau muss es heißen: „Bis sich Adam und Eva ihres Unterschiedes zu Gott bewusst wurden“.

* *Es ist gar nicht mal so undenkbar, dass diejenigen Pflanzen, die wir heute noch essen können, auch eines Tages diese Evolutionsveränderung zu ihrem eigenen Schutz vornehmen werden (und auch müssen); zum Beispiel der Mais, der durch Genveränderungen von uns traktiert und durch Superanbau ausgebeutet wird, und so auch die anderen Getreidearten, von denen wir uns heute maßgeblich ernähren.*

Und wie bei den Fischen, die nun wussten, dass sie nur zusammen Nachkommen schaffen können, begann mit dieser Erkenntnis auch der Drang im Menschen zu gebären, zu kreieren und zu arbeiten. Das war ja auch die Bestimmung. Aus sich heraus Nachkommen zu schaffen und weiterem Leben Platz zu machen. Der Apfel, den Eva Adam gereicht haben soll und damit die erste große Sünde, bzw. der erste große Sündenfall eurer Ururahnen, war die Erkenntnis selbst Schöpfertum begehen zu können. Es gab noch keine sexuelle Scham. Man machte Liebe, weil man es durch den hormonellen Aufbau des Körpers so tun musste und einfach nicht anders konnte. So wie es zuvor den Fischen und danach den größeren Säugetieren ergangen war. Aber der Unterschied lag in der Erkennung, dass man als Mensch ein Wesen aus Gotteshand war und mit seinem Denken und seiner Sprachmöglichkeit am Schöpfertum teilhaben konnte – und vor allem lieben konnte und lieben sollte.

Vorerst aber war noch die Liebe da und keine Ablenkung. Die kam erst, als die Menschen in der Anzahl mehr wurden. Da kam dann auch der Neid und die Gier auf und viele andere Absichten wurden erfunden, die Männer und Frauen nicht mehr gleichstellten. Es gab auch Homosexualität und viele andere Möglichkeiten des Austausches. Aber immer habt ihr euch noch untereinander gekannt und anerkannt, weil ihr nicht viele wart.

Das ist natürlich heute ganz anders und extrem.

Unter den Extrembedingungen eurer heutigen Zeit konnte es auch passieren, dass euch Politiker lenken. Einige Menschen lenken viele. Warum? Weil ihr zu viele seid, um überhaupt noch in einem bekannten Kreis abstimmen zu können. Dafür habt ihr nun eure Wahlen erschaffen und lasst vorwiegend die anderen Leute machen. Und auch das ist nicht gut und eine Falle, die unbedingt zurückgebaut werden muss: Eure Anzahl auf der Erde. Es muss wieder kleine Gruppen geben, die sich selbst helfen und führen können und Männer und Frauen müssen das zusammen leisten. Nur in kleinen Gruppen wird gewährleistet sein, dass Männer und Frauen gleichermaßen zu Wort kommen können. Durch größere Kreise und Menschenansammlungen werden die Männer immer stärker sein als die Frauen, weil die Feuerenergien der Männer dadurch noch mehr angefacht werden. Versteht ihr jetzt? Versteht ihr jetzt eure militärischen Paraden auf der Erde? Sie machen auch uns Angst, weil sie die Stärke der Männerbünde demonstrieren und das Weibliche, die weiblichen Elemente, schon im Ansatz dafür getötet haben.

Bis hierhin habe ich die Geschichte von den ersten beiden Menschen erzählt und nicht erzählt von dem Wagemut den sie hatten, auf die erste Erde zu kommen, denn es gab ja noch keine Erfahrungen damit. Es war ihnen auch freigestellt worden anders zu entscheiden. Sie wussten schon ein wenig davon, was sie erwartete. Aber weil es so eine schöne Natur auf der Erde gab, waren sie auch neugierig und freudig dieses Wagnis einzugehen. Sie verblieben erst einmal für eine längere Zeit in der Feinstofflichkeit, um sich alles anzusehen und darauf vorbereiten zu können.

Die Gotte wussten schon, dass es Konsequenzen haben musste, Menschen herzustellen, die ihnen in der geistigen Art ähnlich waren. Dadurch, dass sie ein denkendes Wesen erstellt hatten, mussten sie auch damit rechnen, dass es sich eines Tages, irgendwann, alleine aufmachen würde, um die in ihm liegende Schöpferkraft auszuprobieren.
Damals gab es aber noch die Rückbindung zu uns. Es war noch möglich, ganz mit uns Engeln, die wir ja nun bereits tausendfach erschaffen worden waren, um den Gotten mitzuhelfen, in Verbindung zu gehen und zwar, fast so wie bei euch heute auf Erden von Mensch zu Mensch. Man sah noch nicht den Schleier, der alles

trennte, er war fast gar nicht da. Diese Trennung war erst sehr viel später gegeben.

Die Menschen auf der ersten Erde verzweigten sich nun also immer mehr – aber sie stammten immer noch voneinander ab – und auch das ist so bis heute geblieben, wenn auch in einer etwas anderen Form, weil ihr ja heute nicht mehr auf der ersten, sondern auf einer duplizierten Erde lebt, auf der auch einiges geändert wurde.

Die Menschen trennten sich damals noch ungern und blieben immer in Gruppen zusammen, die nah beieinander wohnten, und die Streite die sie hatten, waren am Anfang noch harmlos, mehr Gerangel. Ich sprach ja schon vom Schlaraffenland. Das ist das Land, in dem euch – nach der Geschichte – gebratene Tauben in den Mund flogen. Das ist natürlich nicht wahr und eine Geschichte eurer zweiten Erde, die entstand, weil ihr es vergessen hattet, dass ihr auf der ersten Erde noch gar nicht essen musstet, weil ihr noch nicht so stofflich wie heute wart. Weil ihr auch noch nicht so stofflich wart, war euer Leben auch mehr wie ein Traum gewesen, und es wurde auch noch wie ein Traum empfunden, mit uns Engeln in Verbindung zu sein. Praktisch war es so, dass man alles nur so wie einen Traum träumte und darum war natürlich das die Realität – die damalige Realität.

Warum also ist die erste Erde gestorben? Was war der Grund dafür?

Damals waren unsere Christusebenen bereits vorhanden und wir haben alles mit angesehen und auch unser Mitschöpfertum mit hineingebracht. Wir konnten nicht Menschen herstellen und mit den Elementen so erfolgreich umgehen wie die Gotte. Wir konnten aber schlichten und Dinge verhüten und auch dafür die Elemente einsetzen – wie wir das auch heute noch manchmal bei euch tun.

Es waren auch da wieder die Männer, die ihre Gerangel wollten und nicht stille stehen wollten, weil das so in ihnen war. In ihnen war nicht dieselbe Schöpferkraft wie in den Gotten; mit derselben Liebe, mit derselben Verantwortung und der Kraft mit den Elementen umzugehen und damit Materie zu zaubern. Die Frauen bekamen die Kinder und die Männer wollten einfach ein anderes göttliches Spiel. Das war, als sie erkannten, dass sie Dinge mit ihren Entscheidungen verändern konnten. So wie heute eine Partei bei euch gewinnt und damit allein oder in Koalitionen mitentscheiden kann wie in Zukunft anders regiert wird, so dachten sich die Männer plötzlich eine andere Natur aus oder andere Tiere und auch andere Möglichkeiten des Glaubens an die Gotte. Auch da erschufen sie sich ihre eigenen Gotte – dass es noch viele geben musste, das war ihnen schon noch klar, denn die Schöpfung dieser Erde war noch jung und vieles konnte noch nicht so weit in Vergessenheit geraten sein.
Die Frauen schafften es immer wieder Streitigkeiten und andere Meinungen – vor allem mit Hilfe von uns Engeln – herunterzubauen, also die Streite zu schlichten und die Männer von ihren

Feuerenergien herunterzuholen. Durch die Streitigkeiten kam es nun auch zu Verletzungen, und durch die Verletzungen war es nun auch gegeben, dass einige krank wurden und auch starben. Die Frauen konnten sich leicht mit dem Tod arrangieren. Durch ihre weiblichen Elemente Wasser und Erde konnten sie sich viel mehr als die Männer darin eingeben. Wir nannten das: „Sich in Gottesreich zurückträumen". Versteht ihr? Aber für die Männer war das ein Schock. Das war ihr erster großer Schock! Ihre Kinder konnten sterben, ihre Frauen und auch sie. Da ließen sie erst einmal von ihren Gerangeln ab, und sie versuchten sich mit uns darin übereinzustimmen, wie man ein heiliges Leben am besten führt, indem es keine Kämpfe und Verletzungen mehr geben sollte. Das waren Hochzeiten auf der ersten Erde. Natürlich wurde man auch da schon älter und musste sich mit dem Älterwerden abfinden, denn durch die Materie gab es nun auch die Zeit. Aber da die Natur noch jung und heil war, war das eher als marginal zu betrachten. Und man kam auch immer mehr zu der Entdeckung, warum und wann ein Tod sein sollte und wann nicht, und da die Schleier noch weit offen waren, starb man nicht so entsetzlich wie bei euch heute, sondern man glitt wie in einem Traum in die andere – die feinstoffliche – Welt zurück und gab sich einfach ein. Das war noch ein „süßes Sterben". So nannten wir das auch.
Mein Gott, waren die ersten Menschen noch schön und zauberhaft. Anmutig und leicht zu erfreuen! Das nicht mehr so schöne Aussehen wurde erst durch ihre Anlage zum Neid und zur Gier und zur Eifersucht und später zum Hass gegeben und so seht ihr heute auf der Erde auch aus. Je neidischer und eifersüchtiger ihr seid, um so weniger hübsch seid ihr. Ihr seht: Schönheit kommt von Liebe und von sonst nichts! Und Liebe ist die Abwesenheit von allen diesen Adjektiven, die ich eben nannte.

Aber die Gotte wollten ja, dass die Erde ein Experiment war, auf der sich alles das, was sie einmal erschaffen hatten, danach aus sich selbst weiter erschaffen sollte; dass die Erde ihren eigenen

Evolutionsverlauf nahm. Und damit sind wir nun wieder bei einem großen Geschehen. Ich will hier nicht von den großen Kriegen sprechen, die ihr auf der ersten Erde angezettelt habt, nein, ich spreche davon, wie ihr in euren Gedankenreisen versuchtet die Welt zu verändern und zu manipulieren und wie ihr dafür zu töten begannt – alles zu töten, was sich euch in den Weg stellte. Ihr wolltet kreativ sein wie die Gotte und anderes herstellen. Und so wurden immer mehr Tiere und Menschen ausgerottet. Seht ihr die Analogie zu heute? Schlimm nicht?

Die Erde war kaputt!
Kein guter Lebensraum war mehr da. Die Menschen waren wie wild geworden in der Anmaßung Schöpfung besser als die Gotte zu betreiben. Und da tönte selbst die Sprache der Gotte bis ganz nach unten zu euch durch:

„Ihr müsst sterben!“

Und der Todesgott, der bis dahin ja nie viel zu tun gehabt hatte, kam und nahm alles mit.

Nun hätte man diese Erde ganz sterben und zu Staub werden lassen können. Aber man tat es nicht, weil sie ein Beispiel für falsch verstandene Schöpferkraft im Menschen sein sollte, und euch in späteren Zeiten, wenn eure Astronomen und -physiker sie wiederfinden – und das wird schon bald sein –, als Mahnmal gelten soll. Dafür sind diese Zeilen hier auch gedacht, um das zu beschleunigen und euch daran zu erinnern und euch dabei einordnen zu helfen, dass es wirklich eine erste Erde gab!

Nun gab es erst einmal lange nichts und ein Raunen war zu hören. Ja, das Raunen war der Schmerz der Gotte darüber, dass sie irgendwie alles falsch gemacht hatten. Aber mit der Zeit sahen sie auch, dass der Anfang der ersten Erde wunderschön gewesen war, und so dachten sie darüber nach, wohin sie eine zweite Erde duplizieren könnten – wo die Bedingungen im Kosmos dafür am besten waren. Und weil das Duplizieren in der Nähe des Originals immer am besten gelang, wurde die zweite Erde wieder in die Milchstraße, bzw. am Rande der Milchstraße, kopiert. Das machten die Gotte so ähnlich wie ihr im Computer unter „Markieren", „Kopieren" und „Einfügen". Man dachte sich die Erdanfangszeit der Erde mit allen Möglichkeiten unter Zuhilfenahme der Elemente – das war eine leichtere Sache eine Kopierung vorzunehmen als alles noch einmal herzustellen, das hätte zu viele Millionen Jahre in Anspruch genommen –, und man klickte auf „Einfügen" und musste dafür noch nicht einmal einen geeigneten Platz schaffen – denn der war schon da.

Jetzt spreche ich von den ersten Erdanfangszeiten der zweiten Erde. Ihr spricht vom Lande Mu (Lemuria) oder vielleicht auch noch von Prälemuria und vielleicht auch noch von einem Land einige Zeit davor, wenn ihr von den Anfangszeiten der Menschheit redet. Ihr glaubt, dass auf eurer Erde alles seinen Anfang nahm; dass dort der Beginn eurer Menschheitsgeschichte liegt. Doch ich habe euch ja nun eines Besseren belehrt.

Doch bevor ich von der zweiten Erde und ihren Anfangszeiten spreche, will ich euch erst einmal aufzeichnen wie das mit der Kopierung so ging, welche Maßnahmen neu gestaltet werden sollten, welche wieder daneben gingen und was eure heutige Erde – im Gegensatz zur ersten Erde – ausmacht. Ja, und wo waren die vielen Menschen geblieben, die auf der ersten Erde gelebt hatten und mit untergehen mussten, wenn sie nicht schon vorher gestorben waren?

Um das gut auszudrücken, komme ich in diesem Kapitel nun auch endlich auf euer feinstoffliches Sein zu sprechen. Das ist mir ein besonderes Anliegen, um vieles gerade zu rücken, was schon lange nicht mehr von euch verstanden wird oder euch auch makaber vorkommen mag. Aber erst sollte es geschehen, dass eine neue Erde hermusste, und die Kopierung und Einfügung war sehr gut gelungen. Das machte gute Laune unter den Gotten und sie schafften es auch, denselben Adam und dieselbe Eva als erste Menschen wieder auf die Erde zu bringen*. Die Gotte besprachen das mit ihnen, und sie nutzten ihre alten Erfahrungen und machten

** Hier kann man auch die biblische Arche Noah-Geschichte anders und evtl. noch besser verstehen. Denn alles begann wieder paarweise.*

sich mit Feuereifer daran im göttlichen Spiel erneut mitmachen zu dürfen und damit eine neue Chance bekommen zu haben. Sie versprachen, sich nicht ins Abseits zu stellen, ja, sie versprachen dieses Mal hoch und heilig allen Gotten besser zu dienen und sich mehr als Teil im göttlichen Spiel zu sehen. Sie gingen dieses Mal ganz anders – viel bewusster und reifer – daran, denn sie waren ja nun schon Seelen mit Erste-Erde-Erfahrungen. Und sie wollten dieses Mal auch keine Zeit verplempern und immer mit uns feinstofflichen Engeln verbunden sein und sich sittsam benehmen, sich nicht zanken, nicht neidisch sein – nein, sie wollten immer in ihrer Liebe sein – und vor allen Dingen auch bleiben.

Wir sprachen eben über die Erfahrungen, die Adam und Eva von der ersten Erde mitbrachten. Das ist auch wichtig, um in Zukunft die Seelenalter noch besser zu verstehen. Ihr seht, auch wenn wir euch bis jetzt immer wieder von den Erderfahrungs-Seelenaltern erzählt haben, im Buch MORGENSTERN insbesondere, so müssen diese nun natürlich ausgeweitet werden auf die Seelen, die bereits Erfahrungen auf der ersten Erde gesammelt haben und dazu gehörst auch du. Du bist also nicht nur eine „alte weise Seele der jetzigen zweiten Erde“, seit Lemuria, sondern du hattest deine jungen Erderfahrungen bereits auf der ersten Erde gemacht und weil du dort zum Ende die vielen Gerangel und Tötungen und Manipulierungen von Formengebungen mitgemacht hattest, hast du auch ein besonderes Rebellentum mitgebracht. Auch wenn du das nicht immer äußerst und dich oft hintanstellst und leise bleibst, so weißt du aber in deinem Inneren, wozu Menschen so alles fähig sind. Ja, sie sind zu besonderen Launen fähig und diese Launen machen es, dass sie immer wieder Dinge zerstören und verändern müssen. Ja, ihre Unzufriedenheit mit dem, was sie haben, ist eine große Falle und eine Laune der Natur, weil sie ja auch Evolution aus sich selbst erschafft. Da gelingt nicht immer alles so, dass man zufrieden ist. Aber insbesondere heute sind diejengen Menschen bei euch ganz besonders unzufrieden, die

alles haben. Das ist wirklich eine große Fehlstellung und der müsst ihr unbedingt Herr werden. Es muss wieder mehr Gerechtigkeit unter euch herrschen, nicht dass die einen alles und die anderen wenig haben. Auch das sind Auswirkungen eurer hohen Menschenpopulation und der Falle, dass ihr euch darum von Politikern leiten und führen und regieren lassen müsst, die von euch weit weg sind, die ihr also gar nicht persönlich kennt. Die Maßnahme Fernsehen zu schaffen und nun das Internet mit seinen vielen Möglichkeiten, macht es aber, dass ihr ihnen wieder näher kommen und euch auf diese Weise ein Bild von ihnen machen könnt. Das sollte so sein. Daran waren wieder die Gotte beteiligt. Sie schafften Korrekturmaßnahmen. Ich sagte ja bereits, es gibt einen Gott für die Maschinen. Er kommt euch heute ganz besonders nah, um euch immer wieder einzuweisen in eine neue Möglichkeit der Evolution. Dieser Gott denkt, und ihr erschafft die stoffliche Formgebung seiner Gedanken mit den euch zur Verfügung stehenden Elementen eurer Erde. Seht ihr an diesem Beispiel, inwieweit ihr mittlerweile in den Schöpferprozess mit eingebunden seid, und ist das nicht wunderbar?
Also, eure technische Vernetzung sollte es möglich machen, dass ihr wieder mehr zueinander findet und auch erkennen könnt, was in euch und den anderen Menschen – und das global – vorgeht. Und darum gibt es nun auch Twitter. Ihr habt das geschaffen, weil ihr so viele Lernmöglichkeiten haben wolltet euch näher zu kommen; fremde Kulturen dadurch noch besser kennenzulernen, fremde Sprachen, fremde Physiognomien zu erkennen und anzuerkennen, Freundschaften zu schließen und vieles mehr. Das war vorher auch durch die Erschaffung von Flugzeugen und Schiffen schon möglich gewesen – wenn allerdings aus materiellen Gründen nicht für so viele Menschen wie heute durch das Fernsehen und Internet. Gott erdachte sich die Möglichkeiten und ihr entwickeltet euch dahin, die Ideen zu verstofflichen und so konntet ihr euren begrenzten Horizont erweitern. Alle Tüfteleien bei euch unterliegen diesem Entstehungsmodell. Gott versuchte auch eurer

Ausbeutung durch Politiker, auf diese Weise eine Maßnahme entgegenzusetzen, insbesondere der Ausbeutung durch Demagogen. Und das habt ihr schon klar erkannt und auch in die Tat umgesetzt und das ist auch für uns schön. Versteht an diesem Beispiel: Ihr könnt wirklich Gottes Mitschöpfer sein, aber überlegt genau, wann es die Formgebung und Ausführung der Gotte ist und wann eure und dass diese immer in Liebe und Mitverantwortung ausgeführt werden müssen.

Doch nun bin ich ein wenig vom Thema abgedriftet, und ich will zur ersten Erde zurückgehen. Das ist wichtig, um euch zu erklären, wie machen wir eigentlich eine Kopie eines Planeten, einer Pflanze, eines Tieres, eines Menschen? Und damit bin ich bereits in der feinstofflichen Welt und führe aus, wie dort alle Dinge geschehen, welchen Gesetzen diese Welt unterliegt und auch unterliegen muss, und dass es dort keine Strafmaßnahmen gibt.

Gott, der Superdesigner, hatte mit Hilfe seiner Untergotte also die zweite Erde geschaffen. Er war sich seiner Sache ganz sicher, dass er sie dieses Mal besonders gut erschaffen hatte. Aber er musste auch immer die Eigenkraft – oder besser die Eigendynamik – der Elemente beachten, die ihm vorgegeben waren. D.h., er musste sich auch an deren eigene Vorgaben halten, denn sie tauschten sich ja auch immer wieder miteinander aus. Sie beflügelten sich, aber sie konnten sich auch abbremsen. Das heißt, nicht in allem war und ist Gott der perfekte Schöpfer, weil die Elemente auch ihr eigenes Spiel spielen. Darum musste Gott, bzw. mussten die Gotte, wie ich es bereits schon erklärt hatte, auch immer wieder Schöpfungspausen einlegen, um zu sehen: Was geschah aus sich heraus, wenn etwas entstanden war, und wie ist die Wirkung untereinander?
Und ich hatte euch ja schon gesagt, dass diese Schöpfungspausen, um zu sehen, wie etwas entsteht und wie es bereits in einen Austausch mit den vorausgegangenen Schöpfungen gegangen war,

auch für euch so wichtig ist. Ihr hättet ein einziges Modell von Kernkraftwerk entstehen lassen können – dann aber die Finger davon nehmen müssen – es dann stillegen müssen, bis es zu einer anderen und richtigen Perfektion von einem Kernkraftwerk kommen kann. Das machtet ihr nicht. Ihr habt zwar das Gehabte immer weiter entwickelt und damit versucht, euch an die besseren Entwicklungsmöglichkeiten und die damit so nötigen verbundenen Sicherheitsmaßnahmen heranzutasten, aber dadurch auch immer weitere Kernkraftwerke geschaffen. Eigentlich hättet ihr abwarten und alles nur in euren Gedanken gestalten müssen. Aber dafür hattet ihr keine Zeit. Weil ihr mittlerweile zu viele Menschen geworden wart und euch darum auch bis in die kältesten Gebiete der Erde verbreitet hattet, brauchtet ihr nun auch genug Elektrizität und Wärme zum Überleben und Gut-Leben – und ihr seht, darin liegt schon wieder eine von euch selbst gemachte Falle. Diese Falle heißt: Zu viele Menschen und darum eine falsche Beschleunigung. Wenn ihr so weiter macht, heißt das: falsche Beschleunigung bis zum vorzeitigen Ende!

Doch jetzt will ich darüber sprechen, wie aus dem Feinstofflichen Stoffliches und aus dem Stofflichen wieder eine Umkehr zu Feinstofflichem geschehen kann. Ich sprach ja schon von dem Print, den ein sterbender Planet hinterlässt. Und hier liegt wieder der Clou, für alles das, was entsteht und wieder sterben muss; für euch, die Tiere und die Pflanzen, für alles.
Eure Physiker sagen, nichts kann wirklich vollkommen verschwinden im kosmischen Raum. Und das ist richtig so, so lange der kosmische hermetisch versiegelte Raum besteht. Wenn er eines Tages stirbt, dann wird alles in das Vakuum zurückgehen, aber so weit ist es noch nicht. So lange wird also alles immer nur in eine veränderte Form übergehen. Ihr glaubt in bestimmten Kulturen – und dieser Glaube hat sich mittlerweile wieder über die Welt verbreitet –, dass ihr wiedergeboren werdet. Und das ist auch richtig so und wir wünschten uns hier aus unseren Christusebenen, dass dieser Glaube, bzw. euer tiefsitzendes inneres Wissen, auch in euren christlichen Religionen einen Ausdruck gefunden hätte. Denn wenn vieles, was in der Bibel geschrieben steht auch wahr ist – manches aber auch nicht –, aber so hätte die Aufnahme dieses uralten Wissens doch eine große Erweiterung eurer christlichen Religionen und damit eurer christlich geprägten Kultur gebracht.

Es war viel früher, auch im Mittelalter, noch so, dass viele noch davon wussten, dass ihr viele Leben hattet. Es war die Inquisition, die dieses Wissen zuerst behinderte und danach auch so gekonnt und geschult verhinderte, dass es so tief in die Versenkung rutschen konnte, weil eure Religionen euch sagten: Ihr geht für immer ein in Gottes Reich und kommt nicht wieder. Natürlich, das stimmt auch ein wenig, das ist nicht ganz und völlig unrichtig.

Aber es ist und bleibt eben nur die halbe Wahrheit und darum erzähle ich euch davon mehr und es wird wieder viel Wissen dabei sein, dass eure Physiker schon kennen – manches aber auch nicht. Und daran sind wieder eure Schulen und Universitäten schuld, die ja aus den christlichen Religionen entstanden sind, die zumeist nur aus Männerbünden bestanden und das weibliche Noch-Wissen über die Reinkarnation vollkommen unterbutterten und dieses Wissen mit den Frauen töteten, die dieses immer weiter gesagt hatten, weil sie noch einen viel größeren Anschluss an das eben gesagte und ihre Erinnerungen daran hatten, und oft große Seherinnen waren*. Durch ihre Weichheit konnten sie sich immer viel mehr als die Männer in der Rückbindung an ihre alten Leben und zu uns üben.

Um Inkarnationsmodelle zu verstehen, ist es wichtig, sich darin einzugeben. Und das könnt ihr alle nur in Rückreisen in eure vergangenen Leben, Tode und Zwischenleben. Erst da geschieht das Wunder der Verstehung, dass es eine „immer-Wiederkehr“ auf die Erde gibt. Es gibt auch Inkarnationen auf anderen Planeten, aber nicht in derselben Weise wie auf der Erde, die ein dreidimensionales Lebensmodell bereithält. Auf anderen Planeten seid ihr feinstofflicher Art und könnt darum dort auch nicht mit euren stofflichen Augen von der Erde aus gesehen werden. Nur mit euren feinstofflichen Augen könnt ihr das erkennen. Ihr geht auch manchmal zurück zu eurer ersten Erde, um euch auf ihr anzusehen, was ihr damals mit ihr gemacht und auf ihr mitgemacht habt.

** Dazu aus dem Buch: „Jeder stirbt für sich allein“, Verlag Das Wort, Seite 136, von Gabriele: „Der wesentliche und folgenschwerste Einschnitt und Eingriff in die Innere Religion und der entscheidende Schritt hin in das patriarchalische Hierseinsdenken war die Herausnahme der Reinkarnation aus der Lehre der Weisen und Propheten“ und weiter: „...Auf dem Konzil zu Konstantinopel wurde im Jahr 553 durch Mehrheitsbeschluß verurteilt, was der frühchristliche Lehrer Origines lehrte: Daß die Seelen der Menschen vor ihrer leiblichen Geburt als Geistwesen existierten und daß das Fallgeschehen sie in die Körperlichkeit führte.“*

Das Wunder der Verstehung eurer alten Leben ist auch das Modell, das eigentlich das Christuskreuzmodell darstellt.

Jesus Christus hatte gelehrt, dass der waagerechte Balken des Kreuzes die Inkarnationszyklen bis zum Aufstieg darstellt. Dieses Modell findet sich auch in der Morphologie eures Körpers wieder: Nehmt dafür eure beiden Arme hoch, hebt sie beide rechts und links in die Horizontale. Der linke Arm stellt die alten Leben dar, der rechte die noch zu entwickelnden weiteren Leben, die sich aus den Erfahrungen des linken Armes gestalten sollen. Um aber die alten Lebensmuster aus euren alten Leben aufschlüsseln zu können, ist es erst einmal notwendig, dass ihr euch dieser erinnert, sie also in Rückreisen ansehen wollt, und bereit seid, die notwendigen Erkenntnisse daraus anzunehmen und für die zukünftigen Inkarnationen umzusetzen. In der Mitte eurer beiden Arme ist euer Herzzentrum angesiedelt, das Zentrum der Liebe, der Liebe für alles was ist, durch das ihr immer wieder überprüfen sollt, ob ihr mit eurer Lebensgestaltung in eurer Liebe seid.
Der senkrechte Balken des Kreuzes zeigt eure Verbindung vom Himmel zur Mutter Erde an. Auch dieses Modell findet sich in der Morphologie eures Körpers wieder: Die Richtung vom Kopf zum Fuß stellt eure Geburt aus dem Feinstofflichen dar und verweist auf eure nötige Erdung an eure Mutter Erde. Die Richtung vom Fuß zum Kopf, von der Erde zum Himmel also, verweist auf eine lebenslange notwendige Verbindung zu uns (durch eine praktizierte Religio) sowie auf die Rückkehr zu uns nach eurem Tode. Und auch diese Richtungen sind immer durch den Durchlauf eures Herzens, dem Zentrum der Liebe, geprägt, durch den ihr immer wieder überprüfen sollt, ob ihr in Liebe mit eurer Mutter Erde und mit uns und dem Supergöttlichen seid.
Und bedenkt, ich sagte: Jesus Christus hatte das schon gelehrt! Und diese Lehre wird für dieses Buch ganz bewusst wieder aufgenommen und an euch weitergegeben, damit sie nicht wieder verloren geht. Das Kreuz ist also kein Modell, an dem ihr zu tra-

gen habt, im Gegenteil! Das Christuskreuz ist also kein Todeskreuz, sondern ein Lebenskreuz und damit ein Geschenk. Es steht als Beispiel für die Möglichkeit einer Rückerinnerung an eure alten Leben und damit auch für eine bewusstere Gestaltung eurer neuen Leben und es steht für eine notwendige Erdung an eure Erdmutter und eine permanente Religioverpflichtung zum Himmel. Und der Durchlauf dieses Lebenskreuzes durch euer Herz – diese Schnittstelle – soll der Garant dafür sein, eure Lebensaufgaben durch die verschiedensten Inkarnationen hindurch in Liebe anzunehmen (wenn ihr das wollt!). Zu tragen habt ihr an diesem Kreuz nur, wenn ihr es nicht annehmen wollt! Wenn ihr alte und weise gewordene Seelen geworden seid, dann sagt ihr ja auch, dass es nichts gibt, was man nicht aushalten kann, weil der Mensch dafür ausgestattet wurde alles vom Schicksal anzunehmen. Ja, das stimmt und das Lebenskreuz ist die perfekte Ausstattung dafür!

Ich sagte ja bereits, wenn ein Planet vom Todesgott weggenommen wird, dann bleibt sein feinstofflicher Ur-Print im Ätherbereich bestehen, und so geschieht es mit allem Stofflichen, wenn es wieder ins Feinstoffliche eingeht.*

Euer Ur-Print kommt aber nicht irgendwo starr im Kosmos zu liegen, sondern er bleibt beseelt und weiß darum immer wo sein Zuhause ist: bei seinem Seelenfamilienverband, bei seiner kosmischen Familie, bei uns Engeln. Und dort kann er sich in seinem

** Astrophysiker sagen: Um eine Galaxie zusammenzuhalten, bedarf es der Schwerkraft. Wenn man jedoch die sichtbare Masse aller Sterne in unserer Galaxie zusammenzählen würde, reicht diese nicht aus, um diese Schwerkraft zu gewährleisten. Es muss eine zusätzliche Masse geben; man weiß aber noch nicht was und wo sie ist. Ist sie im Ur-Print, im Ätherbereich – Physiker sagen in der Antimaterie – vorhanden, macht alles bereits Gestorbene und das im Ätherbereich Lebende diese Masse aus? Wenn ich Durchsagen bekomme, dann spüre ich die Schwere des Engels aus den nicht-sichtbaren feinstofflichen Bereichen ja auch – wie bereits gesagt – als Gewicht/Masse. Und wir kennen ja alle die Berichte darüber, dass Tote Gewicht verlieren, so etwa 21 Gramm, wenn sie sterben (nach dem Arzt Duncan MacDongall 1907 gemessen). Und wieviel wiegt dann noch ein gestorbener Stern im feinstofflichen Ätherbereich? Wieviel alle gestorbenen Himmelskörper zusammen?*

selbstgewählten Kleid hin- und herbewegen und vor allem immer weiter schauen und damit weiterlernen, das heißt, sich in den verschiedensten Dimensionsräumen bewegen. Viele Menschen sagen bei euch auf der Erde, dass sie jetzt genug gelernt haben, wenn sie alt geworden sind, und dass sie sich freuen, wenn endlich mit ihrem Tod Ruhe ist. Aber das ist nicht so, bzw. das muss nicht so sein. Natürlich – wenn sie es möchten, ist es so – aber eigentlich ist der Zweck der kosmischen Ausbrütung des Menschens, dass er immer weiter lernen muss!!!

Übrigens: Auch die Gotte, die sterben, nehmen diesen Weg und können nicht einfach aufhören zu lernen; auch sie müssen sich immer weiterentwickeln. Sie lernen nur auf eine andere Weise weiter und so geschieht es auch mit uns Engeln. Ihr seht ja an meinen Beispielen, inwieweit ich vom Gott der Maschinen gelernt habe. Ich liebe es, eure technische Sprache zu benutzen und darum kam die Sache mit dem „Markieren", „Kopieren" und „Einfügen" von der ersten Erde zur zweiten auch nicht von ungefähr, und so auch nicht die Analogie zum „Tintenstrahler" (Seite 71 und 34), als es um die Beschreibung der Phantasie der Gotte ging.

Im Kosmos in einer anderen feinstofflichen Form weiterlernen zu dürfen, ist wirklich grandios für uns alle, und es ist ein Geschenk an euch, weil die Erde euch mit ihrem Zeitablauf nicht genug Zeit geben kann viel zu lernen. Dafür bedarf es wirklich vieler Leben auf ihr – und das ist der Sinn der Inkarnationen. Im Kosmos weiterlernen zu dürfen, ohne dreidimensionale Bedingungen, ist eine andere Sache als auf der Erde lernen zu dürfen, weil ihr dort nicht essen und arbeiten braucht und deshalb viel Zeit habt. Alles geht in der feinstofflichen Welt ganz leicht vor sich, wenn ihr das wollt. Und das ist wichtig zu wiederholen:

„Wenn ihr das wollt!"

Denn wenn ihr alles – auch euer Sein in der Feinstofflichkeit – als schwer empfindet, dann ist es auch schwer für euch. Ihr seid es selbst, die das steuern. Und eigentlich tut ihr das auch auf der Erde so. Deshalb gibt es Menschen, die immer unzufrieden sind, selbst wenn sie es leicht haben, und Menschen, die, wenn sie es schwer haben, zufrieden sind. Aber auch die Seelenreife ist mit daran beteiligt sein Los so zu sehen, denn die Seelenreife zeigt einem schon mit der Zeit – von Inkarnation zu Inkarnation –, dass es nichts nützt, Dinge unnütz schwer zu sehen und es sich damit noch schwerer zu machen, weil sie dann wirklich noch schwerer werden. Also darin liegt wirklich eine große Kraft der Reife der Seele, wenn ein Mensch das Leben leichter nimmt als es in Wirklichkeit ist. Große Künstler bei euch haben, damit sie ihre Schöpfungen vervollkommnen konnten, auch immer die Schwere ihrer Leben leichter zu machen versucht, sonst hätten sie nicht schöpferisch tätig sein können. Und manchmal haben auch wir Engel eingegriffen und für sie Mäzene gesucht, damit sie wenigstens finanziell abgesichert sind. Alles was der Mensch von der Feinstofflichkeit – seiner Anlage her – mit in die Welt nimmt, muss er erst einmal ausleben, bevor er eines Tages entdeckt, dass er mit seiner eigenen Schöpferkraft seine Anlage und damit seine Reaktions- und Sichtweisen auch verändern kann – wie eben gesagt, z.B. Dinge leichter nehmen kann, wenn er es selbst so will. Da hat der Mensch freies Schöpfertum. Es gibt Menschen, die sterben einen schweren Tod und andere einen leichten. Auch das hängt ganz entschieden von eurem Mitschöpfertum ab und gelingt euch erst dann vollkommen, wenn ihr alte Seelen geworden und viele Tode mit ihren verschiedenen Beispielsmöglichkeiten gestorben seid.
Die Form des schweren Todes war auf der ersten Erde noch nicht so gegeben, zumindest nicht in der Anfangszeit auf ihr, das sagte ich ja schon, dass ihr da noch einen „süßen Tod“ sterben konntet, weil ihr euch noch mehr in einem feinstofflichen Raum befunden habt. Der schwerere Tod hat sich erst durch die Erschwerung eurer Leben durch eure Kämpfe auf eurer ersten Erde ergeben und

eurem Drang alles allein und ohne uns Engel als Korrektur und Mittler und Mitarbeiter der Gotte, zu machen. Wäret ihr weiterhin feinstofflicher geblieben, dann hättet ihr euch auch weiterhin „süß wegträumen“ und damit leichter in euren Ur-Print eingeben können. Versteht ihr? Durch eure Kämpfe müsst ihr oft früher krank und verletzt von der Erde gehen – bevor eure natürliche Entwicklung einer natürlichen Beendigung unterliegt. Da habt ihr selbst ganz maßgeblich an der Erschwernis des Todes mitgewirkt. Und in der nächsten Erdinkarnation habt ihr diese Erfahrung in eurem Seelenprint und das erschwert euren Tod auch noch einmal mehr. Und so bekommt ihr es immer mehr mit der Angst zu tun.
Geht das Wagnis ein, anders zu werden, damit ihr endlich nicht mehr so qualvoll sterben müsst! Die Aufschreiberin unserer Zeilen weiß als Behandlerin um diese Dinge sehr, wenn sie bei Menschen, die schon bald dem Tod geweiht sind, z.B. schweigen muss, weil sie es nicht aushalten können mit ihr über ihren bevorstehenden Tod zu sprechen. Sie könnten mit ihr zusammen doch schon einmal mittels Rückbindung zu uns in diejenigen Bewusstseinsräume einsteigen, in denen sie Zuhause sind, und erkennen, dass alles gar nicht so schlimm ist. Welch eine Behinderung für sie selbst damit gegeben ist, sehen sie nicht. Sie schaffen sich damit auch einen qualvollen Tod anstatt ein Hinübergleiten in das Unausweichliche – und wie schlimm es für die Behandler ist damit umzugehen, die dieses Wissen bereits in sich tragen, können sie auch nicht ermessen. Um ehrlich zu sein, das interessiert sie auch nicht. Nein, sie geben ein so hartes Ablehnungssignal, bis der Behandler zu sich selbst sagt: „Okay, dann ist es eben so. Dumm muss dumm bleiben.“ Ihr Behandler, denen es euch heute so ergeht, wir möchten euch dafür trösten und in die Arme nehmen, denn es geht euch auf der Erde so wie uns Engeln. Auch wir möchten so viele Menschen in die Arme nehmen und trösten, wenn sie zu uns herüberkommen, und ihnen zeigen, wie alles einfacher geht, doch sie wollen es auch dann wieder oft nicht, und auch wir müssen uns dann untereinander trösten, um nicht voll-

ends wütend zu werden, weil wir unserer, von den Gotten gestellten Aufgabe, nicht entsprechen können.

Und damit sind wir beim nächsten Thema: Wie sieht es eigentlich aus, wenn ihr tot seid? Wie sieht der Bewusstseinsraum aus, wie nehmt ihr ihn wahr? Nehmt ihr ihn als Strafe wahr oder auch als Freude bei euren Seelengeschwistern und uns sein zu können?

Ich sagte ja schon, dass ihr die Welt haben könnt, die ihr euch denkt. Ihr könnt etwas leicht haben und schwer haben – das ist eure Entscheidung. Das bleibt ein Seelenentwicklungsmodell, das ihr euch aussucht, und das immer eure Entscheidung ist und darum seht ihr die Welt nach euren Leben auf eurer Erde auch immer so wie ihr sie sehen wollt. Ihr kreiert sie praktisch selber. Wollt ihr die gute Welt, die leichtfüßige Welt, dann habt ihr sie auch in der Feinstofflichkeit (sogar noch mehr als in eurer Welt auf der Erde, weil ihr ja nicht essen und trinken und dafür arbeiten und Geld verdienen müsst und keine Ausscheidungen und Krankheiten habt und auch nicht Kinder gebären und aufziehen müsst), wollt ihr die schwere Welt, die Welt des Kummers und Leidens, dann habt ihr sie. Es ist nicht unsere gemachte Welt. Wir sind dazu da, um euch eine schöne Entwicklungsmöglichkeit und Zeit zu bringen – bis ihr euch wieder überlegt, erneut auf die Erde hinabzusteigen, auf die wunderschöne Planetin mit ihren dreidimensionalen Bedingungen.

Jetzt kommen wir auf ganz natürliche Weise zum Thema „Fegefeuer“ und eigentlich hat es sich schon indirekt selbst erklärt, was es bedeutet. Doch ich will es mit anderen Worten noch einmal anders zu erklären versuchen: Auch das Fegefeuer ist eure gemachte Welt. Die Gotte haben so etwas nie erschaffen und auch wir haben es nicht erschaffen. Natürlich sollte es so sein, dass ihr euer Leben repetiert und dafür auch Gefühle wie Trauer und Ohnmacht (Ohnmacht, weil die Zeit Dinge zu ändern vergangen ist!) fühlt. Aber die Erde ist so wie sie ist und ihr habt euer Leben auf ihr zu meistern versucht und nun eine Chance alles anzusehen und es im nächsten Leben besser zu machen. Dafür müsst ihr nicht in die Hölle gehen. Dafür holt euch nicht der Teufel in seine Urtiefen und entlässt euch da nie. Es ist eure Entscheidung, wie lange ihr euch im Purgatorium – was eure eigene Seelenqual heißt – befindet. Aber natürlich braucht ihr eine gewisse Zeit euch alles anzusehen und das ist auch richtig, damit eure Seele wächst. In den großen Kulturen gab es bei euch dazu noch Bücher (Anmerkung: das Ägyptische und das Tibetanische Totenbuch z.B.) um die Seelen beim Sterben zu begleiten. Darum ist es für die Christen in eurer Kultur oft so schwer alles loszulassen – weil sie auch im Glauben zu uns zurückgekommen sind, dass nun entweder Gottes Himmelsreich oder die Hölle kommt. Aber dafür sind wir Engel ja da! Wir Engel steuern eure Gefühle, aber normalerweise braucht das Ansehen und die Aufarbeitung eures alten Lebens ungefähr fünfzig Tage und dann entscheidet ihr euch selbst unsere Hand zu nehmen und höher aufzusteigen (weitere Anmerkung zu diesem Thema: Im Christentum findet diese Wahrheit ihren Ausdruck in Jesus Aufstieg von Ostern bis Pfingsten* und auch im Buddhismus wird dem Toten durch das Vorlesen aus dem Tibetanischen Totenbuch eine 49-tägige Anleitung zum Aufstieg aus dem Reiche des Bardo Thödol gegeben). Wenn jemand länger braucht, ist das auch nicht schlimm, dann geben wir die Zeit, aber wir versuchen dann auch immer wieder einzugreifen, damit die Seele begreift, dass nun auch mal Schluss sein muss mit der Sühne.

Ihr empfindet diesen Raum oft als sehr schlimm, weil es ein lautloser Raum ist und dieser Raum noch nicht das geistige Licht enthält, zu dem ihr aufsteigen sollt. Aber es ist eben auch ein Schutzraum, der notwendig ist vom Apfel der Erkenntnis zu essen, dass

** der Begriff Pfingstfest – von griech. „pentecoste“ der Fünfzigste – bezeichnet den 50. Tag nach Ostern und ist damit genau am Pfingstmontag. Pfingstsonntag ist somit der 49. Tag.*

ihr nun, nach eurem Leben auf der Erde, wieder einmal aufsteigen und euch regenerieren und reinigen und entscheiden könnt, wie ihr für eure zukünftige Seelenentwicklung weiter machen wollt. Und es ist eure Entscheidung – mit uns zusammen – wann ihr wiederkommen wollt und reif genug seid, erneut ein Erdenleben zu veranstalten und zu schaffen.

Das muss auch gesagt werden: Die Erde ist ein wunderbarer Planet und darum ist ihre Anziehungskraft so groß auf eure Seelen immer und immer wieder ein Leben auf ihr gestalten zu wollen. Und das ist so gewollt, das lag in der Schöpfung der Gotte. Man wollte nicht all zu viele Menschen auf der Erde haben. Aber durch das fast hermetisch abgeschlossene System der Erde, in der sich die Evolution aus sich selbst gestalten sollte, und eure Verantwortungslosigkeit, wart ihr daran maßgeblich beteiligt, dass es nun zu einer so hohen Menschenanzahl kommen konnte. Weil ihr es wart, die daran beteiligt waren, müsst auch ihr es wieder sein, die die Anzahl eingrenzen und nicht noch immer mehr und mehr Menschen auf die Erde bringen. Das ist völlig unnötig. Ihr müsst einfach nur erkennen, dass das System der Erde nicht all zu viele Menschen haben darf. Es ist für manche von ihnen nicht wichtig geboren worden zu sein (wie auch es für die Tiere nicht notwendig ist für eure Nahrung in so vielfältiger Weise geboren zu werden, um dann irgendwann auf dem Schlachthof zu landen). Ihre Ahnen machten ihre Erfahrungen und sie müssen das nicht mehr, weil ihre Seelen nun alt und weise genug geworden sind. Es ist nur eine Verdoppelung der Seelen der Ahnen, die aber nun – alleingelassen – wieder mit ihren Erderfahrungen von vorne anfangen müssen. Versteht ihr? Ihr dürft euch nicht weiter vermehren! Das war nicht Gottes Ziel in der Evolution, Gott braucht keine neuen Menschen mehr! Und wenn ihr das nicht schon bald versteht, dann ruft Gott wieder nach unten: „Ihr müsst sterben!“

Denkt daran, ihr hattet alles mitbekommen, um euch aus euch selbst heraus erschaffen zu können. Jetzt aber übertreibt ihr ins Maßlose, und wenn ihr das nicht versteht, dann muss dem Einhalt geboten werden. Versteht ihr das aber, dann gibt es ein Zurück zur Normalität. Eure Politiker haben das noch nicht verstanden, aber unsere Mitautorin schon. Sie will schon lange ein Buch darüber schreiben, wie man sich überlegt die Erdpopulation zu minimieren. Es muss wirklich bei euch Schaltstellen geben, die über die Geburtenrate beraten. Das ist doch nicht schwer über eure wunderbaren Computer Berechnungen anzustellen, wie viele neue Menschen geboren werden dürfen, damit genug Platz ist zur weiteren Entwicklungsmöglichkeit für die Menschen – das haben doch die Gotte auch mit den Sternen und Planeten erkannt. Sie haben doch auch erkennen müssen, dass es ein Zuviel an Sternen und Planeten geben kann und dass nur die Planung hilft, den hermetisch abgesiegelten kosmischen Raum zu erhalten und nicht zum Platzen zu bringen. Versteht ihr? Wir erwarten von euch nichts Unnatürliches. Wir wollen, dass ihr die Regeln des Kosmos begreift! Und wir wollen, dass ihr sie schnell begreift, denn jetzt könnt ihr noch durch die Berechnungsgrundlage: „Wieviel Ressourcen stehen wie vielen Menschen zu?“ in eure Population eingreifen, in ein paar Jahren aber geht das nicht mehr und die Evolution schafft ihre eigene Vernichtung!

Wir hatten ja schon von der Rettungsmöglichkeit auf eine dritte Erde gesprochen. Ich spreche darum jetzt auch wieder von euren Computern, aber zunächst noch von einem Kopierer. Wenn ihr eine Kopie von einer Kopie macht, dann fällt die immer schwächer aus. Eure zweite Erde ist eine Kopie vom Original. Aber eine dritte Erde kann immer nur eine Kopie von der Kopie sein! Wisst ihr, was ich meine? Euer Garten Eden ist ***jetzt*** da. Eine Kopie von der Kopie muss immer schwach bleiben. Auch wenn die Gotte fähig genug sind, dafür auch wieder Reparierungsmaßnahmen zu schaffen, so als wenn ihr immer wieder ein Original von der Seite auf dem Computerbildschirm ausdruckt, so sage ich: Verlasst euch nicht darauf, dass dann alles gut läuft! Agiert jetzt!

Ihr habt euch oft gefragt, wie es so geht, dass es so viele Seelen gibt. Jetzt versteht ihr es: es ist die Vorgabe eures fast geschlossenen Systems Erde, dass ihr euch aus euch selbst erschaffen müsst und könnt. Dafür musste es zu Anfang eurer Menschheitsgeschichte erst einmal Adam und Eva geben – gezeugt von den Gotten –, aber seit ihrer beider Möglichkeit des Kinderkriegens seid ihr allein dafür verantwortlich die Geburten zu steuern. Es gibt die Vorgaben in euch, damit pfleglich umzugehen und die Natur zu respektieren, die euch am Leben erhält! Holt sie hervor! Tief in euch wisst ihr das alles! Und die alten Seelen sowieso!

Nun kommen wir zur Sonne und dem Mond und zu den Planeten, die eure Erde umrunden. Auch das ist uns wichtig zu sagen, damit ihr erkennt, was euch alles so am Himmelsfirmament zusammenhält – wie wunderbar dieses System im großen System ist und warum es für alle Systeme gilt.

Alle Systeme im großen Kosmos sind so geschaffen worden, dass sie sich halten können und in sich wiederum ein abgeschlossenes System bilden, das sich selbst erhalten kann. Die Maßnahmen dafür waren wichtig und auch ganz außerordentlich gut gelungen. Gottes Sinn ist es immer wieder neu zu erschaffen und nicht Systeme reparieren zu müssen. Darum seid ihr ja auch auf der Erde allein gelassen worden. Gott hat nun die Erschaffung von ganz anderen Größen von Systemen im Sinn, und das ist auch gut so, weil ansonsten alles Stille stehen und keiner großen Evolution mehr unterliegen würde.

Ich sagte ja schon, im Kosmos gibt es immer einen großen Austausch untereinander; zwischen den Elementen und der Materie und den Erschaffern, den Gotten. Und aus diesem System des Austausches und Erschaffen-Müssens gehen immer wieder neue Systeme hervor, dieses Mal aber immer in dem Verhältnis 1:1, dass erst etwas sterben muss, bevor wieder etwas Neues installiert werden kann und darf – weil es sonst, wie bereits gesagt, ein Zuviel geben würde und euer hermetisch versiegelter kosmischer Raum nicht mehr bestehen bleiben könnte. Besser ich sage „unser“ hermetisch versiegelter Raum, denn das gilt auch für uns Engel. Auch wir leben in einem Raum in einem Raum.
Diese Regeneration des Kosmos ist nötig und sie wird von euren Astrowissenschaftlern über ihre Sternwarten erstaunt betrachtet,

wenn sie sehen, dass wieder ein Stern sterben muss und ein neuer geboren wird. Und auch das alles ist schön anzusehen und anzuhören; die Farben, der Klang und wenn der Staub eines gestorbenen Sterns noch so lange herumwirbelt, dass ihr auch noch heute, nach Tausenden von Jahren, sein ehemaliges Sein nachvollziehen könnt, obwohl er seitdem nicht mehr am Himmelszelt steht.
Eure Astronomen und Physiker haben mittlerweile große und schöne Sternwarten, und diese werden noch größer und besser werden mit der Zeit, und eure Computer schaffen nun Berechnungen, die vorher gar nicht möglich waren. Vor allen Dingen ihre Austauschmöglichkeiten von Informationen und Ergebnissen untereinander sind stark angewachsen. Und darum sind sie auch fähig, viel im Kosmos zu erkennen, und sie erkennen damit auch immer mehr die Größe an, der alles unterliegt. Diese Schöpfungsgröße ist bei uns hier im Buch im Bild der Gotte eingebunden, und ihr seht, dass wir nicht ganz sprachlos sind, einen fast wesenslosen Schöpfer bei euch bildlich darzustellen.
Das wollen die Astronomen und Physiker auch, und sie versuchen das mit Hilfe der Mathematik in Gleichungen und vielen anderen mathematischen Künsten. Dabei haben sie aber oft aus dem Auge verloren, dass die Urreligionen bei euch auf der Erde immer Bilder benutzt haben, um die Schöpfungsgeschichte darzustellen. So wie auch wir das hier im Buch immer wieder machen, weil diejenigen, die es lesen, ja nicht alle Physiker und Mathematiker sind und sein können.
Wir rufen den Weltraumwissenschaftlern zu: Nehmt auch ihr Bilder als Hilfsmaßnahmen euch etwas vorzustellen und lernt in schamanischen Rückreisen in eure eigene Ursprungsgeschichte zu gehen, die mit Adam und Eva auf eurer ersten Erde begann, und dann geht in die Weiterentwicklung eurer Urahnen, und wenn ihr das macht und *euch mit der Natur der Elemente* noch mehr befasst, dann werdet ihr auch an den Urgrund eures Seins noch besser herankommen.

Wir hatten in dem Buch „Briefe an die Weltenbürger – Neue Vorgaben für die Neue Zeit – " schon darauf verwiesen, dass es für Biologen nicht nötig ist Tierversuche zu machen, um über einen Querschnitt der kleinsten Zelle die Welt zu erkennen, sondern dass die Welterkennung in der Möglichkeit der Reisen in die Tiere und zu sich selbst liegt. Wie wäre es z.B. zusätzlich zu euren wunderbaren großen Sternwartenmaschinen schamanische Übungen zu machen – von den guten SchamanInnen zu lernen und alle Wahrheiten erst einmal in sich selbst zu finden? Auch wenn ihr Physiker keine teuflischen Tierversuche unternehmt, so aber versucht auch ihr euch an der Schöpfung durch Atomkernveränderungen – ihrer Spaltung – und künstlichen Urknallnachstellungen, die eurer Erde schadhaft werden können*. Darum verweisen wir hier immer wieder darauf, dass der Schamanismus der Urreligionen bereits den Kosmos mit dem Urknall – *wie ihr es sagt!* – erkannte und vor allem wusste, warum er sein musste.
Das Sonnensystem der Erde ist ein sehr perfektes System, oder das sollten wir vielleicht einschränken, ein fast perfektes System. Es wurde geschaffen im Rate der Gotte und es wird aus sich heraus auch wieder neue Schöpfungen entstehen lassen können. So

* *Der weltgrößte Teilchenbeschleuniger „Large Hadron Collider" (LHC) in Genf, der 20 Jahre lang gebaut wurde, hat am 30. März 2010, fast lichtschnelle Atomkernteilchen mit einer noch nie erreichten Energie von sieben Tera-Elektronenvolt aufeinander prallen lassen, um Fragen wie: „Woher kommt Masse?", „Was ist die dunkle Materie?" und „Wieviele Dimensionen hat das Universum eigentlich?" beantwortet zu bekommen. (Zu letzter Frage steht auf Seite 131 und 132 etwas zur Acht-Dimensionen-Theorie). Ab 2013 soll die Kollisionsenergie verdoppelt werden. Gefährliche schwarze Löcher sollen nach Aussagen der CERN-Physiker im LHC nicht entstehen können, die im Vorwege des Experiments vielfach diskutiert worden waren. Kritiker dieser Experimente meinen, dass man mit diesen Versuchen weder die Geheimnisse des Universums noch die unserer Existenz entschlüsseln wird, sondern nur noch mehr Wissen anhäuft, mit dem man nichts anfangen kann und dass die Urknalltheorie schon längst ad acta gelegt werden sollte.*

wie die Schöpfung die Gravidität zu beherrschen lernte, so werden auch immer wieder neue Geschöpfe geboren werden, die zuerst einmal als ein Print im feinstofflichen Bereich vorhanden sein müssen, bevor es für sie erlaubt ist, in die Stofflichkeit übergehen zu dürfen – durch Gottes Atem.
Gottes Atem zu erklären, ist uns wichtig! Es ist nicht der Wind der Elemente, es ist der Gedanke: „Jetzt“. Mit dem Wort „Jetzt“ darf die Zielgerichtetheit vonstatten gehen, um etwas in die Stofflichkeit zu bringen. Vorher war es nur ein Gedanke um mit den Elementen die Form zu schaffen. Das Wort „Jetzt“, das immer wieder durch den Kosmos hallt, schafft den Ur-Print, der dazu angehalten ist in die Materie zu gehen. Das ist ganz wunderbar.

Ihr seht immer nur den Kosmos als Gebilde. Ihr seht das, was euch das Auge zu sehen zuläßt. Aber doch ist der Kosmos mehr und darum ziemlich vollgestopft. Vollgestopft mit Erinnerungen (Printe) von Vergangenem und bereits Gestorbenem, also in den feinstofflichen Bereich Eingangenem – in die Gegenwelt Eingegangenem – und damit auch vollgestopft von Seelen die sich eines Tages wieder aufmachen wollen, um die Erde noch einmal zu bewohnen und auf ihr wieder lernen zu dürfen, wie man so mit der Stofflichkeit umgehen kann. Dieser Zweck wiederholt sich auch auf anderen Planetensystemen. Aber nicht mit Menschen, sondern mit anderen Kreaturen. So gibt es Planeten mit Kreaturen wie den Eidechsen und welche nur mit Elefanten und wieder auch nur welche mit Würmern. Sie alle haben den Sinn Schöpfung noch einmal in einer anderen Art und Weise zu gestalten. Man hat die Eidechsen und Elefanten und die Würmer von der Erde kopiert und auf andere Planeten mit anderen Lebensmöglichkeiten übertragen. Und dort sehen wir, wie sich so ein Tier entwickeln kann, wenn es eine Umwelt nur für sich bekommt. Manche von den Sehern haben manchmal in diese Welt Einblick. Da tut sich in ihnen manchmal ein Fenster auf. Und weil die Lebensbedingungen auf diesen Planeten so anders als bei euch auf der Erde sind, täuschen sie sich auch oft in der Interpretation wie diese Lebewesen dort leben und zu welchem Zweck und wie ihr Charakter ist. Da machen sich in ihnen viele Projektionen vergangener Ängste breit, denn nicht immer war es leicht für euch in der Vergangenheit mit diesen Tieren auf der Erde zu leben. Sie unterstellen den Echsen, dass sie zum Bösen gehören. Nein, das ist eure Interpretation, oder wie bereits gesagt, eure Projektion. Wir wollten, weil die Echsen einmal zu einer nicht so perfekten Entwicklungsreihe für die Erde gehörten, sehen, was sich unter anderen Bedingungen – unter Bedingungen nur für sie – aus ihnen selbst entwickeln konnte, d.h. wie sich ihre eigene Evolution ohne Störungen von außen gestalten würde. Und dort reifen natürlich ganz andere Werte unter den Eidechsen heran, die ihr als böse seht, die aber nur animalischer, bzw. reptilischer Natur sind. Wir wollen damit ausdrücken, dass die Interpretation eures Gesehenen auch nicht immer richtig ist und maßgeblich von der Projektion eurer Sinne abhängt und auch von euren vergangenen Erderfahrungen abhängig ist, und damit auch makabre Auswirkungen nehmen kann, so dass ihr mittlerweile von Echsenschöpfergöttern redet. Das ging auch schon den Schamanen der Urzeit so und darum gingen viele Glaubenssysteme in eine Art Märchen und Aberglauben über und deshalb mussten diese Glaubenssysteme auch sterben und deshalb habt ihr die Universitäten erschaffen, um mit bestimmten Modellen Wahrheiten nachweisen zu können, indem ihr die Nachweise wiederholbar macht. Das ist zwar zum Einen sehr schön, zum Anderen ist es aber so, dass dadurch auch diejenigen Dinge, die richtig gesehen wurden, einer falschen Prüfung unterzogen wurden und oft fallen gelassen wurden, weil sich schamanische Einsichten nicht wie Doppelblindversuche wiederholen lassen konnten.

Insofern gefällt es uns schon, dass es Wissenschaftler mit ihren verschiedenartigen Maschinen wie Sternwarten und Computern gibt, aber es gefällt uns nicht, dass sie nicht auf eine Reise zu sich selbst gehen. Denn erst beides zusammengenommen, würde sie viel schneller an die Wahrheiten ihrer Fragen führen, und sie auch daran hindern, falsche Versuche durchzuführen; vor allen Dingen Versuche, die den Menschen und allem Lebendigem auf der Erde, und der Erde selbst schaden; und damit nicht nur der Erde, sondern dem Sonnensystem im Kleinen und damit auch wieder dem großen einzigartigen System „Kosmos" genannt. Denn was in einem System passiert, das ist nicht von den anderen Systemen zu trennen. Immer stehen alle Sternen- und Planetensysteme in einem Austausch, deshalb ist es auch wichtig zu erkennen, dass es, wenn ihr euch gut weiterentwickelt, auch anderen Planeten und Sonnensystemen zugute kommt, und dass es der umgekehrte Fall sein muss, wenn eure Entwicklung schädlich ist. Natürlich, manche Wissenschaftler machen das schon ein wenig, aber sie sind nicht bereit sich dafür den schamanischen Lehren zu unterstellen und Urreligionen durch Selbstversuche zu studieren. Sich einzugeben! Die meisten Wissenschaftler sind Männer und deren Sache ist das Eingeben in die Natur Gottes nicht gerade. (Da ist es doch viel leichter für sie mit einer gewissen Distanz – wenn auch mit Freude – Berechnungen anzustellen.)

Aber wir möchten das so!

Noch mehr zur feinstofflichen Welt

Wir möchten noch mehr über die feinstoffliche Welt sprechen, denn ohne sie wäret ihr ja nicht. Sie ist sozusagen euer erster Print, die erste Herstellung der Gotte, bevor sie in feste Materie übergeht.

Wir hatten ja schon gesagt, wie wichtig es für Physiker ist, in sich selbst die Schöpfungsgeschichte zu betrachten und sich dafür in schamanischen Sitzungen zu üben. Das können und sollen sie nicht alleine! Dafür ist immer unbedingt ein Lehrer oder eine Lehrerin wichtig. Das war auch in den alten Kulturen schon so, dass es immer bestimmte spirituell wissende Lehrer geben sollte, von denen man lernen konnte. Das ist auch der Grund, warum wir bestimmte Menschen kosmisch einweihen diese Lehrer zu sein. Wir geben ihnen die Rückbindung (die Religio) zu uns, zum Kosmos, zurück, die insbesondere in euren heutigen Kulturen verloren gegangen ist, und wir geben ihnen die Fähigkeit wieder, das auch zu lehren. Wir sagen „wieder", weil sie auch schon in alten Kulturen diese Lehrer waren und das Wissen dafür hatten. Wir sind also als Engel nur ihre „Zurückerinnerer", und da das Zurückerinnern durch eure dreidimensionale Lebensansichten für sie so schwer geworden ist, kommt es bei ihnen auch zu der berühmt berüchtigten „Schamanenkrankheit", die im eigentlichen Sinne „nur" eine Erweiterung ihres Seins in ein multidimensionales Denken und Fühlen ist. Schätzt sie dafür, denn sie gehen bei ihrer Initiation dafür auch oft durch „die Hölle", weil ihr Lichtkörper mit der Masse an Informationen aus unseren verschiedensten Welten erst fertig werden muss – und sie zu integrieren und zu verstehen hat.*

**Davon handelt auch mein Buch:*
„Die Reise nach Tschernobyl – Ein Schamane erzählt – (siehe auch Anhang, Seite 172).

Wir hatten ja gesagt, dass Gott immer „Jetzt“ sagt und dann eine Schöpfung entsteht und dass diese Schöpfung – bevor sie in die Materie geht – immer zuerst einen feinstofflichen Ur-Print hat. Praktisch seid ihr der Bruder oder die Schwester dieses Prints oder wie manche schamanische Kulturen auch sagen: „Der Doppelgänger vom Ur-Print“ (manche sagen auch, dass der Ur-Print der Doppelgänger von euch ist – das ist auch nicht falsch, es kommt nur auf den Punkt der Betrachtungsweise an. Ihr seid also immer Zwei!).

Ihr fragt: Kann der Ur-Print auch sterben, ohne dass ihr sterbt?
Das geht natürlich nicht. Noch nicht! Das geht erst zum Ende der Welt, aber dann wird jeder feinstoffliche Print sterben.
Aber ihr, bzw. euer Körper, kann sterben, wenn man seinen Print angreift. Dieses Wissen hat sich bis heute in vielen schamanischen Kulturen erhalten können, dass man einen Menschen über den schamanischen Ur-Print, seinen feinstofflichen Print, angreifen und damit töten kann. Ihr wisst ja von Vodoolehren, dass man jemandem nur etwas zielgerichtet an die Hacke wünschen muss, und dass derjenige dann auch schon in die Falle des Verderbens laufen wird. Es geht nur um die Zielgerichtetheit, mit der dieser Wunsch ausgesprochen worden ist. Und da bin ich schon wieder bei einer Falle, denn ihr macht es genau so, wenn ihr euch entschließt einen Baum oder ein Tier zu töten. Schon mit eurem ersten Gedanken daran greift ihr bereits – zielgerichtet – ihren Ur-Print an und beginnt mit der Tötung. Das ist euch natürlich gar nicht bewusst, weil eure Tötungsmaschinerie zum Essen bereits zur alltäglichen Routine gehört und ihr denkt, ihr tötet erst dann, wenn die Säge, das Messer oder der Tötungsbolzen ansetzen und vorher merken der Baum und das Tier nichts. Aber uns ist es nun wichtig, das hier in diesem Buch noch genauer zu erklären, damit ihr versteht, wie notwendig es ist, eure Gedanken und Wünsche zu beherrschen und damit mit der Zeit reifer zu werden – und auch das liegt in der Tradition des *guten* Schamanismus – und um zu

erkennen, was ihr bereits mit euren Tötungsgedanken macht und wie schlimm das alles aussieht, wenn das die Tiere in euren Tötungsmaschinerien betrifft, die ihr „Tierhaltung“ nennt. Wie schonend ihr auch immer ein Tier tötet, wenn ihr es zum Tod überredet, da seid sicher, es willigt nie in seinen Tod ein. Das ist auch eine falsche Interpretation von Schamanismus. Ein guter Schamane oder eine gute Schamanin (oder noch besser gesagt „richtige“ SchamanInnen), sie behaupten so etwas nie!!! Sie schützen das Leben, sie lieben das Leben! Sie lieben die Natur und uns!
Aber ihr schafft damit eine Magie, eine Tötungsmagie, die das Tier bereits im Vorwege schwächt. Und so ist das auch bei eurer Massentierhaltung. Es gibt kein Tier dort, das euch nicht misstraut und nicht weiß, dass es bereits von Geburt an geschwächt wurde, weil es ja in eurer Absicht lag, es eines Tages töten und essen zu wollen; nur dafür versprecht ihr für die Tiere zu sorgen, und ihr seht, das Wort „sorgen“ bekommt einen wirklich bitteren Beigeschmack. Und damit schwächt ihr auch den Ur-Print schon von Anfang an – und zwar schon vor der Geburt und vor der Entstehung als stofflicher Körper im Muttertier. Und weil ihr es ja auch bereits mit ihren Ahnen so gemacht habt, ist dieses Verhalten im kosmischen Gedächtnis schon sehr festgeschrieben worden – je öfter ihr das also bereits getan habt, um so tiefer ist der Print der Angst im feinstofflichen Kleid der Tiere manifestiert. Darum sagen wir ganz entschieden:

Es waren die Pflanzen, die euch in eurer evoltutionären Entwicklungsreihe zum Leben gegeben wurden!!!

Hört auf die Tiere zu essen!!! Und stellt euch an, andere Maßnahmen zu finden, um gesund zu bleiben und um den Tieren wieder eine Rückentwicklungsmöglichkeit zu geben in ihr eigentliches Sein, ihren eigenen Evolutionsweg in der Entwicklung ohne euch – oder besser nur mit euch als Freunde – gehen zu dürfen. Das war uns wichtig zu sagen, denn es ist mehr als Jammerschade,

dass ihr damit nicht weiterkommt und nun die Tiere sogar für euer längeres Überleben zu Tierversuchen zwingt.
Wir sagten zuletzt, dass schon eure (auch erst späteren) Tötungsabsichten den feinstofflichen Print eines Baumes und eines Tieres dermaßen stören können, dass sie geschwächt sind, bevor sie (wieder-)geboren werden. Und so ergeht es auch euren Kindern, wenn ihr sie nicht liebt. Ihre Vitalität hängt ganz maßgeblich von ihrem feinstofflichen Print ab und wie oft er bereits in vorherigen Leben gestört wurde. Natürlich hat eure Ur-Seele auch Reparierungsmöglichkeiten, z.B. wenn ihr bei guten Eltern zu leben kommt – und wir Engel geben dafür auch immer wieder Hilfen – aber letztendlich hat die Zerstörung eures seelischen Prints schon seit euren ersten Anfängen auf der ersten Erde begonnen und damit könnt ihr gar nicht mehr heil sein. Die alten und weisen Seelen unter euch, die haben bereits Mechanismen parat, um dem feinstofflichen Ur-Print schneller zu helfen wieder einigermaßen heil zu werden, die jungen aber kommen damit noch nicht zurecht.
Darum möchten wir nun auch dazu kommen, warum ihr nicht mehr so süß seid wie in der Urschöpfungszeit. Mit dem Beispiel „Tierversuche" hat diese Erklärung ja bereits begonnen. Nicht nur die Tiere sehen nicht mehr so schön aus – es sei denn ihr gebt ihnen ein Leben zum Heilen – auch ihr seht mittlerweile nicht mehr so schön aus wie früher, denn die Kriege unter euch und die Tötungen der Frauen und auch mancher Männer in der Inquisitionszeit, haben das Ihrige noch dazu getan, um euch zu schwächen. Auch diese Schwächung ist in euren Ur-Print eingegangen und deshalb habt ihr alle so einen Vitalitätsverlust. Aber ihr versucht diesen wieder zu reparieren. Aber nicht durch schamanische Erkennungsmöglichkeiten und sanfte Heilungsmethoden, sondern durch überzogen vielem Essen und dem Essen von Tierkadavern, die euch Kraft geben sollen. Ihr holt euch die Kraft, damit ihr eure vergangenen Verletzungen und nun auch die grausame und beschleunigte momentane Welt überhaupt aushaltet – und ihr beutet

alles das dafür aus, was liebenswert ist: eure Natur und eure Brüder und Schwestern die Tiere. Und auch das ist schwarze Magie!

Doch nun wollen wir inne halten und uns ansehen, wie wir das alles zusammen reparieren können. Ihr habt ja nun verstanden, dass das göttliche Entwicklungssystem euch alles mitgegeben hatte und euch nun damit alleine gelassen hat, das Beste aus eurer eigenen Fähigkeit zur Evolution durch Reproduktion zu machen. Darum geht nun in eine Umkehr, schaut euch alles gemeinsam an, dann kann auch eine Reparatur möglich sein. In Reisen in die Tierseele, in Reisen zu euch selbst und eure Tötungsabsichten und Tötungsmaschinerien, die seit Tausenden von Jahren bestehen und die ihr deshalb kaum noch hinterfragt – diejenigen, die alles hinterfragen und sich bemühen es besser zu machen, die werden von euch auch noch arrogant ausgebuht!
Lernt zu verstehen, wie es zu allem gekommen ist. Und durch das Verstehen, das nicht nur ein Verstehen des Gehirns, sondern insbesondere ein Verstehen des Herzens zur Heilung sein soll, kann dann alles in die Gesundung übergehen. Und weil das so wichtig ist, besprechen wir nun auch eure Transplantationen.

Sie geschehen in euren Krankenhäusern in gewissen Winkeln, in die man keine große Einsicht hat und das ist nicht aus Zufall so gegeben, das muss so sein, damit man sich in der Wissenschaft die Ecke erhält, immer weiter probieren zu können und sich nicht all zu viel hinterfragen zu lassen – was ihr „Forschung betreiben" nennt und der ihr so respektvoll huldigt, die aber aus unserer Sicht keinen Respekt verdient. Es stellt sich für euch heute gar nicht mehr so groß die Frage: Darf man eigentlich transplantieren? Es stellt sich für euch nur noch die Frage: Gebe ich ein Organ von mir her? Fühle ich mich damit gut, wenn ich sterbe und gehirntot bin, und was macht man mit mir auf dem Tisch, wenn man mir die Organe herausnimmt? Und darum will ich auch hierzu etwas sagen, denn es hat wieder mit eurem feinstofflichen Print zu tun, wie es sich damit verhält; das Weggeben und das Einpflanzen und das damit leben Müssen und Können, und der Verfall der Moral eurer Kliniken und Forschungsstätten.
Über die Transplantationen zu sprechen, liegt uns mittlerweile besonders am Herzen, und wir haben aus unseren Ebenen bis jetzt dazu zu unserer Botschafterin nie etwas gesagt, sowie wir auch ihr gegenüber nie von der ersten Erde gesprochen hatten und ihr auch erst mit diesem Buch zu verstehen gegeben haben, dass sie ihren Seelenpartner schon von der ersten Erde her kennt. Wir haben mit dieser Entscheidung erst jetzt davon zu sprechen, gewartet, weil so ein Schöpfungsbuch aus unserer Sternenstraße auch seine eigenen Erkenntnisse haben muss. Die wären dann ja bereits verschenkt gewesen. Deshalb haben wir uns damit zurückgehalten; aber auch, weil ihr heute spirituell schon reifer seid, und das darum auch noch besser verstehen werdet, und wie gesagt: Eure Weltraumwissenschaftler werden eure erste Erde schon bald erkennen und darum war es uns wichtig, das für dieses Buch so lan-

ge geheimzuhalten. Und es sollte eine Überlappung von beiden Erkenntnissen geben – euren, durch dieses Buch und die der Physiker, über ihre Erforschungen.

Es ist wichtig, wenn wir über die Schöpfung sprechen, euch auch zu verstehen zu geben, was mit euch passiert, wenn ihr ganz maßgeblich in den Schöpferprozess eingreift. Und das will ich nun hiermit tun, weil ich mich seit den ersten Transplantationen – über die ich mich sehr erschreckt habe – schon gründlich damit beschäftigen musste, weil wir euch aus den Engelsebenen bei eurem Tod, eurer Rückkehr in euer feinstoffliches Sein, ja immer zur Hilfe kommen müssen. Vorher hatten wir noch keine Erfahrung damit, wie das unter den Umständen bei einer Person mit einer vorherigen Transplantation zu bewerkstelligen sein sollte.
Wir sagten ja schon: Es war die Maßgabe der Gotte, dass auch ihr euch immer weiter entwickeln dürft und müsst, und dass euch dafür ein Schöpfungsraum gegeben wurde, den ihr Erde nennt, der mit allem was sein sollte gut genug ausgestattet war, dass ihr alleine weiter machen und euch durch Reproduktion auch neu erschaffen konntet.
Die Tode haben euch immer besonders erschreckt. Es war nicht einfach für euch zu verstehen, dass ihr eines Tages wieder in die Feinstofflichkeit zurückgehen müsst. Ihr hattet endlich euren Körper so nach und nach zu akzeptieren gelernt – dass ihr leben müsst, dass ihr Ausscheidungen habt und auch Krankheiten und dass ihr euch auch freuen und Kinder bekommen könnt, dass es aber auch immer wieder Leid gibt, weil der Mensch zu viel will.
Ihr hattet euch also an euren Körper gewöhnt, und weil ihr immer weniger feinstofflich wurdet, nahmt ihr im Laufe eurer Entwicklung auch an, dass der Körper mit seinem stofflichen Ausdruck auf der Erde die maximale Entwicklung sei und dass es darum auch eine Strafe ist, sich ins Sterben einfügen zu müssen – es ist ja umgekehrt, ihr habt eure Körper um eurer feinstofflichen Seele Erfahrungsmöglichkeiten geben zu können. Wir sagten schon in

den anderen Büchern unserer Mitautorin, dass es immer wieder Kulturen bei euch gab, in denen ihr euch daran zurückerinnern konntet, dass ihr am Sterbeprozess mitbeteiligt sein könnt, um ihn zu erleichtern. Und wenn ihr in diesen Kulturen mit uns noch daran zusammen gearbeitet habt, dann halfen wir euch auch dabei, denn der Tod ist sozusagen eine Rückgeburt und ein großer Schaffensprozess. Je mehr ihr euch also von uns Engeln wegentwickelt hattet, um so beängstigender, und damit auch dramatischer, wurde bei euch der Tod. Heute gibt es bei euch Menschen, die vor Wut schreien, wenn sie sterben müssen und das liegt an euren nicht mehr schamanistischen Einsichten, dass die Stofflichkeit immer nur für eine gewisse Zeit gilt und dass damit ein Zeitlimit für alle geschaffenen Systeme im Kosmos gegeben ist. Und ich sagte ja schon, dass auch Gott und die anderen Gotte sterben müssen – vielleicht tröstet euch das.

Wie sieht es nun mit euren Organen aus, wenn ihr sie spendet oder empfangt?
Ich gebe euch dafür eine Hilfestellung. Ihr seid also ein Doppelgänger vom Originalprint eurer Seele, der ja nicht vergeht bis zum Ende der Welt und diese Kopie eures Originalprints befindet sich in dem feinstofflichen ätherischen Feld eurer Körper.
In diesem Originalprint, von dem also für eure Leben immer wieder eine Kopie fürs ätherische Feld eurer Körper hergestellt werden muss, wenn sich die Seele in einem Gefäß von Körper inkarnieren will, ist natürlich alles perfekt enthalten. Ich sprach ja schon davon, dass der Print aber auch geschwächt werden kann – und eure feinstofflichen Kopien eures Originalprints sind heute alle geschwächt.
Nun aber nehmt ihr beim transplantieren Organe weg und damit sieht der Tod des Spenders nicht mehr sauber aus. Er wird verzögert und bekommt sozusagen Risse und tiefe Einkerbungen, die sich nicht nur in seiner feinstofflichen Kopie vom Originalprint äußern müssen, sondern danach auch im Ur-Print (dem Ur-

Original) selber. Es sind heute noch nicht viele Menschen wiedergeboren worden, die einmal Organe weggeben mussten – wir sagen „mussten", denn ihr überredet sie so lange, bis sie glauben, dass sie besonders gute Menschen sind, wenn sie dafür eine Zusage geben. Nein! Da sagen wir entschieden: „Nein!" Das ist nicht so. Ihr wäret die besseren Menschen „Nein" zu sagen und dem Tod als Schöpfungsprozess seinen eigenen Lauf zu lassen! Ihr werdet maßgeblich daran gehindert zu sterben, bis es zeitlich zu einer Herausnahme des Organs kommen darf. Ihr werdet so lange am Leben gehalten, das wir aber nicht mehr ein Leben nennen, und damit wird euer eigener schöpferischer Prozess vom Tod verzerrt und bröckelig, denn von eurem Originalprint ist ja vor eurer stofflichen Entstehung eine Kopie für eure sich inkarnierende Seele hergestellt worden: ein feinstoffliches Gebilde für eure verschiedenen Auraschichten. Diese Kopien werden nacheinander erschaffen und dann zusammengefügt zu einem großen Ganzen und dann sozusagen ergossen im Gefäßkörper Mensch; das geht auch bei den Tieren und Pflanzen so. Das geschieht immer bei aller Entstehung so. Deshalb stehen der Ur-Print und die sich eingekörperte Seele immer in einem Austausch. Sie müssen in diesem gesunden Austausch verbleiben, damit Leben überhaupt geschehen kann. Dafür haben sie große leuchtende Lichtfäden, die sich über eure Chakren erhalten und austauschen können.

Wenn ihr also ein Organ oder mehrere weggebt, dann wird auch euer feinstoffliches Sein mitgestört. Anders ist das, wenn der Mensch verbrannt wird und bereits richtig gestorben ist. Dann hatte er aber vorher immer genug Zeit gehabt, seinen Gefäßkörper fallenzulassen und vollständig in seinen Print zurückzugehen. Ihr seht, ihr helft also ganz maßgeblich an diesem Schöpfungsprozess mit und der muss immer gut und richtig abgeschlossen sein, sonst nehmt ihr Fehler mit nach drüben, und dass geschieht auf eine kolossale grausame Weise, wenn es zu einer Organentnahme zum Transplantieren kommt, weil es euch ja nicht mehr gehört, bzw. es gehört euch, aber es ist zum Weiterleben gezwungen und zwar mit seinem stofflichen und ätherischen Anteil. Auch mit den anderen Organentnahmen – der Entnahme eures Blinddarms und eurer Mandeln z.B. – ist es so, dass auch immer euer Ur-Print damit eine Schwächung erhält. Aber da gibt es trotzdem einen Unterschied: diese Organe werden nicht in einem anderen Körper am Leben erhalten, im ätherischen Feld konnten sie immer bei euch verbleiben – es gibt ja spirituelle Wissenschaftler unter euch, die das versucht haben nachzuweisen (Anmerkung: Mit der Kirlianfotografie bei Pflanzen z.B.) und die Phantomschmerzen bei Amputationen sind dafür ja ein Beispiel.

Wenn also ein Mensch dann endlich, bis er nach seinem Gehirntod ausgeschlachtet ist, sterben darf, dann ist es für ihn nicht mehr gegeben, von der Stofflichkeit zurück zum Ur-Print eine perfekte Einheit herzustellen, und das macht ihm viel Mühe. Wir müssen dann immer mithelfen und auch dem Ur-Print zu verstehen geben, dass er jetzt mithelfen muss. Das benötigt sehr viel Kraft. Teure Kraft, die ihr zum leichten Sterben bräuchtet. Und da kann es natürlich auch sein, dass ihr diese Problematik, die Angst wieder ausgeschlachtet zu werden – denn ihr bekommt ja alles mit! –, auch ins nächste Leben wieder mitnehmt und das geht den jetzt wenigen Wiederinkarnierten so. Das blockiert aber nicht nur euer nachfolgendes Leben, sondern auch eure weiteren Leben danach – genau so wie eure früheren durchgemachten Tode eure weiteren Leben blockierten und oft immer noch blockieren, die ihr durch Kriege, Inquisition oder andere Morde sterben musstet.
Aber nichts ist so schlimm, wie eine Organentnahme und das Weiterleben dieses Organs in einem anderen Körper. Wir rufen dann immer zu großen Heilungszeremonien auf und haben mittlerweile damit schon viel zu tun.

Was bedeutet es nun für den Empfänger ein Organ zu bekommen? Dieses Organ wird von euren Ärzten nur aus der sichtbaren Stofflichkeit heraus betrachtet. Aber dieses Organ bringt ja das ätherische Feld, den Bau aller Körper im Feinstofflichen mit sich mit. Sonst würde es das Organ ja gar nicht geben können. Und es hat über die dafür zuständigen Chakren mit ihren Lichtfäden immer die Verbindung zu seinem Ur-Print gehalten um lebensfähig zu sein. Ihr pflanzt also nicht nur ein Organ ein, sondern auch immer das feinstoffliche Sein des anderen Menschen, oder noch besser gesagt, damit ihr die Problematik versteht: das ätherische Feld samt der Lichtfäden des verstorbenen Spenders, die trotzdem immer wieder versuchen zurück zu ihrem Ur-Print zu gehen und mit ihm im Austausch zu bleiben. Den ätherischen Teil des Spenderorgans plus seiner Lichtfäden, die immer zurück zu ihrem Ur-Print gehen *müssen*, nehmt ihr also als Empfänger bis zum Ende eures Lebens mit euch mit, und dass das alles nicht so besonders leicht und gut mit den Organübertragungen geht, seht ihr ja schon daran, dass ihr Immunsuppressiva einnehmen müsst, um das Organ überhaupt bei euch halten zu können und wie ihr nun auch sehen könnt, hat das nicht nur biologische Gründe. Habt ihr einen Spender aus eurer Familie, also einen genetisch ähnlichen Spender, dann sieht das auch auf eurer feinstofflichen Ebene etwas leichter mit der Anpassung aus, denn auch eure Lichtfäden weisen Ähnlichkeiten auf. Aber ist es ein Fremdspender, dann hat der Empfänger wirklich mehr als Mühe das Organ zu halten, und das liegt nicht nur an der organischen Verschiedenheit, sondern auch an den ätherischen Feldern, die ja überhaupt nicht zu ihm gehören. Auch die zum Organ zugehörigen Chakren des Spenders im feinstofflichen Bereich, sowie die Chakren des noch lebenden Empfängers werden damit auf die Dauer gestört; es kommt immer zu einem heillosen Durcheinander der eigenen und fremden Lichtfäden und ihrem verschiedenen energetischen Ausdruck.

Jetzt aber kommt das große Problem: Nicht nur der Spender hat Probleme in seinem ätherischen Feld nach seinem Tod wieder ganz zu werden, sondern auch der Empfänger. Seine eigenen Körperorgane und das empfangene Organ können sich nur dann wieder abtrennen und wieder ganz in ihren Ur-Print eingehen, wenn er gestorben ist oder er es sich wegen Unverträglichkeit wieder entnehmen lassen muss. Und wir meinen das nicht zynisch, wenn wir sagen, dass der Tod eine Befreiung, wirklich eine große Befreiung für den Spender und das Spenderorgan und den Empfänger ist – sondern wir meinen es todernst, wenn wir sagen, dass der Tod des Empfängers erst die Befreiung für ***alle*** beide ist – und das sagen wir hier noch einmal mit Nachdruck: erst wenn sich alle beide wieder in ihren eigenen Ur-Print, in ihre Ur-Seele, zurückbegeben können. Wenn so ein Empfänger stirbt, dann hat er natürlich genau so ein Problem zu sterben wie der Spender zuvor. Auch er muss sich nach seinem körperlichen Tod wieder richtig von seinem fremden Organ trennen, weil es mit ihm – wenn auch auf völlig kranke und diabolische Weise – verzackt (oder auch verzahnt) wurde.

Ihr seht, dass es keinen Sinn macht, sein Leben zu verlängern?! Ihr müsst euch nur in Gottes Schoß begeben und leicht sterben wollen, also leichtfüßig in den Schoß der Schöpfung zurückgehen wollen, dann braucht ihr auch nicht so einen makabren medizinischen „Fortschritt", der schwarzmagische Tendenzen hat. Lasst euch nicht sagen: Forschung muss sein.

Nein, der Tod muss sein!

Nehmt Abschied, das ist viel wichtiger, denn eines Tages müsst ihr ihn ja alle hinnehmen, und eines Tages kommt auch der ultimative, der große Tod für alle und alles, wenn der Kosmos stirbt. Früher ist da besser als später das zu lernen und vor allen Dingen leichtfüßiger mit dem Sterben zu werden. Nur durch diese Erfahrungen kann es zu einem schönen und süßen Tod kommen.

Wir haben es da nicht so mit der Zeit wie ihr, die ihr mit dieser Maßnahme versuchen wollt, mehr Erdzeit für euch herauszuschinden.

Denkt an eure feinstofflichen Körper, welchem Konflikt ihr sie aussetzt und inwieweit sich das auch wieder auf euer nächstes und übernächstes und überübernächstes Leben auswirken muss; egal ob ihr Spender seid oder Empfänger. Amen

Wir sagten dir ja schon in einer Schreibpause, dass wir zu Herrn Däniken kommen wollen und damit nicht genug.
Leute wie er, die an Außerirdische und fliegende Untertassen glauben, hat es immer gegeben, aber er hat etwas nicht bedacht. Er denkt immer an Menschenwesen, Menschen aus dem Weltraum also, die euren Himmel bei den Mayas bereist haben, um sie zu warnen, aber er denkt nicht daran, dass wir EngelInnen es gewesen sein könnten. Und darum will ich nun von der Kultur eurer Götter, eurer von euch selbst gemachten Götter sprechen, weil auch darin eine große Falle liegt.
Du hast nie an Aliens geglaubt. Du hast dich unseren Sinnen immer so unterstellt, dass du bereits schon zu früheren Zeiten wusstest, dass es wir Engel sind, die mit unseren Maßnahmen zu euch zu Besuch zu kommen und euch damit immer hilfreich beiseite stehen wollen (du hast das ja auch in deinem jetzigen Leben mehrmals erfahren dürfen). Und zwar immer dann, wenn ihr euch wieder in schlechten Verhältnissen befindet. Das haben wir immer so gemacht. Das ist ja in unserem Engelsgen verknüpft. Wir mussten das machen und dafür da sein, und es auch lernen wie man es macht, damit ihr nicht selbsttätig Gott gleich wurdet und dann wieder eurem Fall preisgegeben wart.
Wir sprachen von Gott und den Gotten! Ihr aber spracht über viele Kulturen hinweg von Göttern. Ihr hattet auch immer eine Vorstellung davon, dass es nicht nur einen Gott, sondern für die einzelnen Naturbereiche und -systeme verschiedene Gotte geben muss. Und weil Gott und die Gotte nicht wesensgleich zu euch sichtbar sind, habt ihr euch diese Gotte, bzw. eure Götter, selber machen müssen. Das liegt ja am System, dass ihr euch Gott nur wesensgleich mit euch vorstellen könnt und darum sahen die einzelnen Götter bei euch auch immer menschengleich aus, wenn auch manchmal,

wie bei den Centauren, tiergleich eingebunden. Und das ist nicht falsch. Wenn es Gotte für die Tiere gibt, dann müssen diese auch tiergleich sein, wenn es Gotte für die Pflanzen gibt, dann müssen diese auch pflanzengleich sein, um aus sich selbst heraus erschaffen zu können. So wie die Elemente auch immer nur zu ihren eigenen Anlagen passend aussehen können. Also Feuer kann nur Feuer, Wasser nur Wasser, Luft nur Luft und Erde nur Erde werden. Deshalb gab es in euren griechischen Kulturen auch immer Götter für die einzelnen Elemente.

Ihr seht also, alles ist in Bildern festgehalten.

Bilder zu benutzen, das haben eure Physiker und Astronomen nicht mehr so an sich. Deshalb wird es auch für sie immer schwieriger noch in Bildern zu denken. Für sie liegt das wesenhafte Gottes in der Ausdrucksmöglichkeit der Mathematik und der Physik – in Zahlen und Dichtemessungen. Und trotzdem haben sie natürlich auch die Bilder ihrer Kultur als Kinder in sich aufgesogen und können nicht so ganz Abschied von ihnen nehmen. Deshalb ist es auch so, dass sie oft zwischen den beiden Systemen, den mathematisch/physikalischen/astronomischen und den bildhaften hin- und hergerissen sind. Und natürlich liegt es auch daran, weil viele von ihnen ja schon ältere Seelen sind und sich, wenn auch nicht immer voll bewusst, an bestimmte ehemalige Leben zurückerinnern können.

Ich habe mich zur Erklärung „wie der Kosmos arbeitet" für eine bildhafte Erklärung entschieden, weil die Leser es damit leichter haben, als wenn ich nur Zahlenspiele zu euch herunterbringen würde. Und doch sage ich zwischendurch schon mal etwas, was der Normalbürger bei euch nicht wissen kann und das nur von Physikern und Mathematikern, die sich damit auseinandersetzen, verstanden wird. Und manches nämlich, dass es viele Gotte gibt, das ist auch für sie neu.

Und darum ist es uns nun wichtig zu sagen, damit wir eure Anerkennung haben, dass es nicht wichtig ist mit der Schöpfung oder der Nachbildung der Schöpfung Macht in die Hände zu bekom-

men, sondern es soll euer Erstaunen darüber wecken, wie die Welt gebaut ist.
So wie Herr Däniken glaubt, dass es Aliens gibt, Außerirdische, die irgendwann einmal die Erde besucht haben, so glauben auch eure Wissenschaftler, die den Weltraum erforschen, daran, dass es sie gibt, wenn auch in etwas anderen Bildern. Das ist der Urmotor ihrer Forschung, denn ohne bildhaft zu denken, könntet ihr alle nicht sein. Aber was ist ihre Falle?
Alle die bei euch hellsichtig sind und „sogenannte Außerirdische" sehen können, wissen es, dass wir Engel immer mal wieder kurzfristig zu eurer Hilfe zu Besuch kommen oder auch die Aufgestiegenen Meister und Meisterinnen (ehemals auf der Erde ihre Seelenentwicklung gemachte Menschen, die nun zu uns aufgestiegen sind und die uns in unseren Reichen hilfreich zur Seite stehen wollen). Das geschieht oft auf privater Ebene für Einzelne, kann aber auch ganze Menschengruppen bei euch betreffen oder auch die Menschheit insgesamt. Das war nicht nur früher so, dass wir zu Besuch kamen, das ist auch heute noch so. Manche von euch haben uns auch in heutiger Zeit sowie bei den Mayas gesehen, sogar auch im Himmelswagen am Himmel stehend. Das Bild, das du von dem russischen Maler Nicholas Rörich, der ein großer Seher war, für dein Buch „Briefe an die Weltenbürger – Neue Vorgaben für die Neue Zeit –" verwendet hast, ist ein Ausdruck dieser Möglichkeit von uns, euch sogar in einem Gefährt besuchen zu können und uns damit auf eine derart stoffliche Art zu verdichten, damit ihr uns auch mit eurem stofflichen Auge erkennt. Wir wissen, wie eure Augen und euer drittes Auge für das geistige Sehen gestaltet sind. Wir wissen, inwieweit wir uns zu verdichten haben, damit wir für euch mit dem einen oder anderem Auge oder allen drei Augen zusammen sichtbar sind. Wir wissen aber auch, wie schwierig es für euch ist, das Gesehene dann auch immer richtig zu interpretieren. Darum mussten wir mit unseren Himmelsgefährten auch öfter kommen und uns auch ab und zu auf der Erde direkt plazieren. Und das ist es, was Däniken mit Landebahnen

meint. Er kann nur im Kontext eurer heutigen Sichtweise diese Dinge interpretieren. Ihr aber, die ihr hellsichtig und hellfühlend seid, ihr habt mit der Zeit gelernt, viele Dinge anders einzuordnen. Und darum will ich euch heute ein paar Beispiele dafür geben, damit eure Astrophysiker und -mathematiker verstehen, dass sie Reisen zu sich selbst machen sollten, um zu sehen, dass sie nicht nur hinter etwas Stofflichem herlaufen müssen – dass sie da wirklich nicht mehr viel finden können – dass sie aber in der Feinstofflichkeit die Erklärung für alles finden können, weil ja alles in der Schöpfung im Ur-Print der Feinstofflichkeit enthalten ist. Eure Stofflichkeit ist sozusagen immer nur das Doppel, der Ausdruck der Feinstofflichkeit, ihr könnt sie auch den Spiegel oder die Kopie nennen. Es ist eure Entscheidung nur das stoffliche Doppel mit euren stofflichen Augen anzusehen und damit engstirnig zu bleiben, es ist aber auch eure Entscheidung in die Feinstofflichkeit zu gehen, um mehr vom Ur-Print zu erkennen; und diesen auch meinetwegen irgendwann messbar zu machen. Da sind die hellsichtigen Menschen bei euch schon viel weiter. Sie wissen darum – wenn auch nicht von der ganzen Ausdrucks- und Urschöpfungsform – und sie wissen darum auch davon, dass viele Dinge nicht reproduzierbar sind und immer nur gemessen an der Situation, die bei euch gerade herrscht, vorkommen können – wie die Sätze zu diesem Buch z.B. auch.

Das ist wichtig, sogar sehr wichtig, euch zu sagen, dass nicht alles reproduzierbar ist. Es gibt Dinge, die gelingen nur einmal, andere mehr. Jeder, der uns bereits als Engel in der Engelsform gesehen hat, weiß, dass keine Situation mit uns wiederholt werden kann, weil wir aus uns heraus ja auch immer schöpferisch tätig sein müssen, um euch besuchen zu können. Das ist auch wichtig, es gesagt zu haben, denn der Schöpfungsprozess ist immer an die Zeit gebunden – und wir haben unsere eigene Zeit und Dichte, die beide durch unsere Dimensionsräume, die wir bewohnen, vorgegeben sind – und dort entstehen auch immer wieder neue feinstoffliche Schöpfungen und manche gehen dann auch wieder in die Versenkung und werden nie mehr gebraucht. Ihr könnt euch also einen Stern, ein stoffliches Gebilde nur so lange ansehen, wie er noch da ist. Ist er gestorben und die Lichtjahre haben ihn auch bei euch ausgelöscht, so hat er aber trotzdem immer noch im feinstofflichen Ur-Print der Schöpfung bestand. Und darum, liebe Wissenschaftler, beginnt doch endlich in der Feinstofflichkeit zu forschen! Und darum sagte ich ja schon, es hat Menschen wie Däniken immer gegeben, aber es hat auch immer Menschen gegeben, die sich mehr der Feinstofflichkeit verschrieben hatten und die damit viel mehr sahen als diejenigen, die alles nur mit ihrem stofflichen Auge ansehen wollten.

Ich gebe euch dazu noch ein Beispiel: Ihr macht heute eure Ausgrabungen an Stätten eurer Vergangenheit, und ihr kommt dabei zu der Erkenntnis, wie die Menschen gelebt und welchem Gott oder welchen Göttinnen sie gepriesen haben. Aber ihr könnt trotzdem nicht mehr an die wirklichen Seelenunterschiede dieser Menschen zu euch heute kommen, weil ihr alles nur aus der Stofflichkeit heraus anseht. Ihr seht Essgeschirr und wisst, wie und was die Leute gegessen haben, ihr seht Tempel, und ihr glaubt mit euren heutigen Maßstäben zu wissen, wie die Leute wohl gebetet haben, aber ihr habt dabei nie erkannt, dass auch wir EngelInnen und die damals bereits aufgestiegenen MeisterInnen unter ihnen lebten, um als Kulturverstärker zu wirken und sie auf die Feinstofflichkeit des Geistes aufmerksam zu machen und sie in der Rückbindung zu uns Engeln im Kosmos zu schulen. Ihr seht nun also, wo eure Falle liegt? Ihr geht mit euren Teleskopen in den Weltraum und sucht nach stofflichen Prozessen und deren Ausdruck, aber ihr sucht nicht nach dem Ur-Print der Welt, der im Feinstofflichen verborgen ist, weil eure Erziehung – durch Eltern, Schule, Lehre und Universität – es geschafft hat, diese Fähigkeit zu forschen zu unterdrücken und damit zu verlieren. Und trotzdem seid ihr hin- und hergerissen zwischen dem Einmann-Gott eurer jetzigen Kulturen und eurem Wissenschaftlerverstand. So sagen wir euch noch einmal: Ihr braucht nur in euch selbst hineinzuschauen! Macht

dafür innere schamanische Reisen und ihr erhaltet mehr Wissen als alle Teleskope euch zusammen bringen können! Es ist nicht schlecht mit euren Teleskopen bestellt, denn ihr könnt damit die Stofflichkeit des Weltraumes erfahren, aber seid euch immer gewahr, dass es nur die Stofflichkeit ist und nie das Original, von dem die Stofflichkeit ja immer nur ein Print, ein Spiegel, ist. Und deshalb ist es so, dass es unter euch immer wieder Menschen geben muss, die Leute wie Däniken oder auch die Wissenschaftler daran erinnern sollen, dass die Welt, die sie sehen, nicht die einzige ist. Der Clou liegt in der „Nichtsichtbaren-Welt“, die aber für euch sichtbar werden kann, wenn ihr damit beginnen wollt, feinstofflich zu denken und zu sein. Weil alle Systeme und alles Denken miteinander verwoben ist, wisst ihr eigentlich auch darum, praktisch ist das Wissen in euch durch die Schöpfung implantiert, und da alles in allem ist, ist dieses Wissen auch in allen Kreaturen. Ihr lasst dieses Wissen nur nicht zu, weil es nicht „en vogue“ und „zugelassen“ ist. Ihr müsst dafür das euch vorgegebene Denken eurer Zivilisation einfach nur einmal loslassen und euch in die Welt der Feinstofflichkeit eingeben; vor allem müsst ihr Männer das so machen, die ihr die Regeln der Physik installiert habt. Schaut in die Handschrift des Kosmos, die man nicht nur mit Teleskopen lesen und mathematischen Schlüsseln entschlüsseln kann. Wie gesagt, ihr habt das alles in euch; lernt von denjenigen Menschen, die sich bereits mit ihrem Inneren sowie mit geistigen Reisen zu uns gut auskennen und die dadurch die Fähigkeit erlangt haben, viele kosmische Geheimnisse zu kennen und zu entschlüsseln. Sie haben dafür auf ihre Weise auch viel geforscht!
Wenn ihr die erste Erde entdeckt, dann denkt daran, dass auch sie ein stofflicher Ausdruck der Feinstofflichkeit ist und so auch ihr und alles Geschaffene. Das war uns auch noch wichtig zu sagen!

Blauäugig sind wir hier nie. Wir rasen mit dir durch die Geschichte der Zeit und du hast schon viel begriffen. Und doch macht es dir Angst, dich mit diesem Buch den Männerphysikern stellen zu müssen. Du fragst dich, warum wir dir das hier als Frau diktieren und dir damit vielleicht sogar etwas antun, die nicht so viel Ahnung von Naturwissenschaft hat. Aber das stimmt nicht! Deine Angst ist unbegründet. Du hast ohne die Vorgaben eurer Universitäten intradisziplinär geforscht, und du bist damit bis jetzt sehr weit gekommen. So weit, dass du unsere Gedanken herunter bringen kannst und viele von uns bereits kennst. Und das ist nichts? Uns zur Verfügung zu stehen ist nichts? Den Himmel mit den unterschiedlichsten Dimensionen und Hierarchien zu kennen ist nichts? Uns als HimmelsprofessorInnen, die wir doch einen größeren Überblick über die Welt haben, zu dienen, ist nichts?

Nur weil die Männerbünde für die Universitäten eurer Erde ihre eigenen Regeln geschaffen hatten und gleich zu Anfang ihrer Universitätsentstehungsgeschichte die Frauen ausschlossen, war für sie gewährleistet, dass sie auf ihre Art wissenschaftlich weiterkamen. Es war nicht so, dass die Frauen nicht forschen konnten, weil sie kleinere Gehirne als die Männer besaßen. Sie waren damals gewohnt auf *ihre* Weise zu forschen und es stand nicht falsch damit.

Falsch war nur, dass ihr ihre Gedankengänge, ihre weiblichen Gedankengänge, gar nicht mehr zu Wort kommen ließet, sie aber trotzdem ausgebeutet habt. In der Inquisitionsgeschichte eurer westlichen Kultur ist es verankert. Ihr habt die Frauen, die viel wussten, getötet, und weil es danach kaum noch welche gab, die geheimes Wissen hatten, forschtet ihr die noch verbliebenen Frauen nach ihrem restlichen Wissen aus; nahmt dieses Wissen (klautet dieses Wissen ist wohl besser gesagt!!!) und erschuft Schulen und später dann Universitäten mit ihren Instituten, um dort *eure* Art von Erforschung des Himmels und der Erde zu finden. Ihr schafftet es meisterlich euch durch Blind- und Doppelblindstudien die Welt gefügig zu machen! Damit meine ich: Euch ein Weltbild zu machen, wie ihr es haben wollt, aber nicht unbedingt ein Weltbild, wie die Welt wirklich ist. Aber so könnt ihr den Kosmos nicht erforschen, so gibt er seine Geheimnisse nicht frei! Wie ich es bereits am Beispiel der Transplantationen aufzeigte: Euch fehlt eine ganz grundlegende Information; nämlich die vom ätherischen Doppelgänger, den ihr dem Spender entreißt und dem Empfänger mitverpflanzt, wodurch es beide zum Zeitpunkt ihres eigenen Todes schwer haben einen reinen Tod zu sterben. Den ätherischen Teil von euch könnt ihr nur erforschen und verstehen, wenn ihr bereit seid ihn sehen zu wollen, und wenn ihr versteht, dass ihr auf der Erde immer nur ein Doppelgänger oder ein Spiegel vom feinstofflichen Ur-Print sein könnt. Aber das wird nicht leicht sein, dieses in euch hineinzupflanzen, denn, das wissen wir, es passt euch nicht so besonders in den Kram. Ihr müsstet dafür alle eure alten Denkmodelle über den Haufen werfen. Euch wird es auch nicht gefallen, hier in diesem Buch über die erste Erde zu lesen und sie noch nie ausgemacht zu haben. (Ja, die Ablehnung geschieht aus eurer Wut heraus es noch nicht geschafft zu haben, und da wird es ein leichtes für euch sein unsere Mitautorin zu verspotten, dass sie nun wirklich keine Naturwissenschaftlerin, sondern eher eine Phantastin ist. Aber da sie bereits die Inquisitionszeit mitgemacht und sie ihre Erfahrungen damit gründlich – u.a. auch in Paris, am Ort des Geschehens – bearbeitet hat, und auch mit Namen weiß, wer sie in dieser Zeit einmal gewesen war und dass sie damals an der Sorbonne nicht lehren durfte – das durften nur die Priestermänner –, wird sie auch dieses Mal wieder ihren Kopf hinhalten können).

Wir bitten euch, schafft eine weibliche Universität mit weiblichen Denkmodellen, das ist eure einzige Möglichkeit einer heilen Forschung. Ihr habt es mittlerweile zwar zugelassen, dass die Frauen bei euch studieren dürfen, aber das ist ihnen nur gestattet, wenn sie eure Wertmaßstäbe und Denkmodelle übernehmen. Weicht eine Frau davon ab, übernimmt sie z.B. keine Männermedizinmaßstäbe, dann hat sie es entweder besonders schwer, oder ihr exmatrikuliert sie oder ihr macht es ihr später im Beruf schwer – ihr seht, seit der Inquisition ist nicht all zu viel an Einsichten bei euch passiert, da wurden die Frauen exkommuniziert, bevor ihr sie eurer Tötungsmaschinerie übergabt. Die Auswirkungen sind in beiden Fällen drastisch. Auch wenn die Frauen bei euch heute nicht mehr getötet werden, so wird aber ihr Lebensunterhalt und ihre Lebensfreude gestört – und zwar bis zu ihrem hohen Alter. Und das wollt ihr so!

Nun kommen wir zu den mutigen Frauen in eurer Gesellschaft, die zumeist nicht oder nur kurz in euren Männerbündenuniversitäten zu finden sind oder nach ihrem Studium andere Wege gehen. Sie gehen alternative Wege: in der Medizin, in der Psychologie, in der Philosophie, in der Religion. Nachdem ihr sie aus euren Universitäten – oder anderen Schul- und Berufssystemen – elegant entfernt oder herausgeekelt habt, müssen sie sich in alternativen Zirkeln oder Schulungszentren ihr Wissen holen. Und das ist gar nicht mal schlecht, denn nun sind sie gezwungen, sich eure männlichen Gedankengebäude genaustens anzusehen, sie zu hinterfragen und das wegzuwerfen, was ihnen nicht gut getan hat und Gegenmodelle, insbesondere weibliche Gegenmodelle, zu entwickeln. Forciert wird dieses Hinterfragen auch oft durch ihre Mutterrolle und auch das ist gut.
All denjenigen – und wir meinen hier auch die Männer, die es sich mittlerweile genau so zu eigen gemacht haben andere Wege zu gehen und damit andere Denksysteme zu entwickeln – möchten wir hiermit sagen und zurufen: Wir sind stolz auf euch, weil ihr versucht habt ein weicheres Leben zu gestalten, und es damit auch zugelassen habt, dass es uns noch gibt! In den Universitäten sind

wir Engel nicht zu Hause. Aber noch in euren Religionen und in euren alternativen Lebensmodellen. Auch in der Kunst gehen viele Menschen diese Wege. Sie lassen sich nicht sagen, was man sehen muss, sie sehen, was es in ihren eigenen Tiefen zu sehen gibt und da wir da ja immer sind, können sie uns genau ab dem Zeitpunkt sehen, wenn sie uns sehen wollen; wenn sie darum bitten und beten und dafür auch geschulte Menschen aufsuchen, die eine Rückbindung durch bestimmte Techniken – wie mittels Kristallen z.B. – zu uns gestalten können.

In der Zukunft wird es noch viel mehr Menschen geben, die von den Universitätsmodellen Abschied nehmen, und die dankbar sind, dass ihr Weg ein alternativer geworden ist. Und wir rufen ihren spirituellen Lehrern zu, all denjenigen, die bis jetzt schon ihren eigenen Weg gingen: Heilt eure neuen Schüler und Studenten, schult sie, seid euch bewusst, diese alternativen Lehrer nicht ohne Grund geworden zu sein und seid nicht traurig, das universitäre System nicht durchlaufen zu haben oder auch Abschied davon genommen zu haben – oder dass ihr Abschied nehmen musstet, weil ihr die Werte nicht übernehmen wolltet. Seid froh darüber, denn wenn ihr große Denker seid, dann könnt ihr auch zwischen den Zeilen eurer Bücher und wissenschaftlichen Studien lesen und eure Denkweisen modellieren und ausweiten – und wozu gibt es denn jetzt den Gott der Maschinen und das Internet? Ihr versteht? Das war Gottes Art von Unterstützung auch für euch.

Aus unserer Sicht ist es mit euren Universitäten und Schulen nicht weit her. Sie sehen mittlerweile traurig aus – zu viele Menschen in hässlichen Gebäuden – die kein kulturelles Beispiel mehr sind. Wir wollen andere Universitäten! Schöne Universitäten! Welche, die alles das, was ich bis hier beredet habe, auf den Kopf stellen. Universitäten, in denen das Fühlen genau so wichtig ist wie das Denken. Die zwar weiter forschen, aber nicht auf Kosten der Geschöpfe Gottes. Und die darauf bedacht sind, immer den feinstoff-

lichen Ur-Print in Ehren zu halten und verstehen zu lernen. Ja, das sollen die ***Universitäten der Neuen Zeit*** werden. Einige Schulen und Universitäten haben sich schon abgelöst und sind ihre eigenen Wege gegangen. Sie sollen nicht nur kleine Beispiele abgeben, sondern sie sollen ein Musteransatz für eine andere, eine liebevolle und freudvolle Universität sein, in der man mit und durch Liebe lernt; durch das Spiel mit Werten und Worten und viel Musik und Tanz und einer Partnerschaft von Yin und Yang. Das wird schon, das wird auch von uns bereits in die Welt gesetzt und diejenigen, die bereits ihre eigenen Wege gingen, die haben uns bereits verstanden, was wir wollen und bereits das Modell vorgelebt, wie es ginge. Sie verstehen viel von Mut und Nicht-Anpassung, von anderem Denken, von transpersonalem Denken und Sein, und sie lieben die Natur, für die ihr, die ihr nach altem System forscht, noch bereit seid zu töten.
Eure Umkehr ist erst dann garantiert, wenn ihr genau wie sie bereit seid auch ein Weg des Opferns zu gehen; ein Opferweg der Ausgrenzung, des weniger Geld Habens und wenig Anerkennung. Ihr opfert eure Karriere aber nicht. Wenn ihr euch weiterhin eurem System unterwerft, dann opfert ihr euer Leben eurer Karriere. Und das ist nicht gut!

Wir hatten ja schon gesagt, dass uns eure Schulsysteme und viele andere Systeme nicht gefallen. Vor allen Dingen gefallen uns eure Männerbünde nicht, die zu einem wahren Frachthafen an schlechten Dingen, an wirklich außerordentlich schlechtem Handelsgut, geworden sind. Eure Unterwerfung an euer System hält bereits seit Tausenden von Jahren an. Ihr werdet mir entgegenhalten: Ja, aber wir brauchen doch ein System, um zu leben. Ohne Systeme gäbe es keine Ordnung. Ja, frage ich zurück:

Ihr habt Ordnung bei euch?

Und damit sind wir schon beim nächsten Thema, dem Thema der Unvernunft:
Ihr habt so viele Zeiten hindurch euch immer wieder herausrappeln müssen aus euren von euch selbst angelegten Strukturen, weil ihr alles alleine machen und euch auch nicht mehr uns unterstellen wolltet, die wir doch von Gottes Hand – von Gott dem Superdesigner – dazu abgestellt und erschaffen worden waren, um ihm und den anderen Gotten zu helfen; sie dabei zu unterstützen euer Leben huldvoll zu gestalten und nichts in eine Schieflage und damit in eine missliche Lage zu bringen.
Uns zuzuhören und nach unseren Richtlinien zu leben, das habt ihr am Anfang der Welt, also auf eurer ersten Erde, eine gewisse Zeit noch getan. Ihr wart ja noch Baby- und Kindseelen und ihr brauchtet uns. Das ist bei euch auch heute noch so. Als Babys und Kinder wart ihr noch von euren Eltern abhängig. Aber weil ihr älter wurdet und euch das Schöpfertum der Gotte mitvererbt wurde, wolltet ihr eure eigenen Leben nun auch mehr und mehr selber gestalten. So wie eure Teenager heute ihr Leben auch selbst gestalten wollen. Und da sind wir wieder beim Seelenalter, das wir

in den anderen Büchern unserer Mitautorin so oft beschrieben hatten. Und weil ihr damals noch so junge Seelen wart, war es wichtig zu euch „Stopp, so nicht!“ zu sagen, wenn etwas in eine Schieflage geriet und die Worte „Jetzt weiter“, wenn etwas Wunderbares wieder dabei herauskam (ihr seht, wir benutzen auch Gottes „Jetzt“, wenn etwas schöpferisch entstehen soll). So wie eure Eltern und Großeltern das bei euch machen, so waren wir auch als eure Eltern und Großeltern, als eure helfenden Hände zu betrachten; und so habt ihr uns auch gesehen. Als heilende und helfende Hände in einem feinstofflichen Kleid, das ihr damals noch zu jeder Zeit erkennen konntet. Gottes Wille ist es nicht, dass ihr alle bessere Schlaumeier seid als die Schöpfer selbst. Das geht ja auch gar nicht, weil ihr zum Einen nicht auf diese grandiose Weise etwas erschaffen könnt – ein Weltall zum Beispiel – und weil ihr zum Anderen nicht dieselbe ausgeprägte Verantwortung und Liebe für das Geschöpfte tragt, das große Zeiten brauchte, um sich zu entwickeln und im Kosmos auszuprägen.
Ihr habt oft da Schweres geleistet, wo es nicht nötig gewesen wäre Schweres zu leisten – eure Kriege sind dafür ein Beispiel und heutzutage eure Umweltkatastrophen, die auch nicht sein müssten, wenn ihr im Vorwege schon das Aufkommen einer Katastrophe bearbeiten würdet – und ihr habt oft da ein seichtes Leben geführt, wenn es besser gewesen wäre sich einzubringen: für die Menschen, die Schöpfung und die Welt. Versteht ihr? Ihr habt selten die richtigen Maßnahmen geschaffen, wenn etwas vor euch lag um es zu verhindern oder besser zu gestalten. Und nun bin ich beim Sein, Nicht(s)sein und Scheinsein.
In eurer heutigen Welt wären viele Katastrophen nicht nötig, wenn ihr erst einmal zu euch selbst kommen wolltet.
Zum Einen heißt das, dass ihr euch zu euch selbst entwickeln sollt – und daran, ob das gut geht, sind ja maßgeblich eure Eltern und Schulen und Universitäten beteiligt – und zum Anderen heißt das, dass ihr lernen sollt, euch selbst immer wieder zu hinterfragen: Ist es gut, was ich da mache und erschaffe, kommt es nicht nur mir,

sondern auch anderen und damit der ganzen Welt zugute? Im Koran, Sure 5, 35 steht geschrieben: „Wer aber auch nur eines Menschen Leben rettet, so ist es, als hätte er die ganze Menschheit gerettet“. Nehmt euch das als Beispiel und weitet diese wunderbare Sure aus in: „Wer jedes Leben rettet, der rettet die ganze Welt“. Und da dieses Können, weil ihr große spirituelle Lehrer nur noch selten habt und mit uns Engeln als Korrektoren nicht mehr zusammenarbeitet – und weil ihr nur dann an uns glaubt, wenn euch etwas Schicksalshaftes passiert oder wenn ihr euch in den Tod eingeben müsst – bei euch ziemlich schlecht geworden ist, will ich dazu nun einige Maßnahmen erklären. Aber vorher möchte ich euch noch einiges andere dazu sagen:

Wenn ihr euch nur noch um euch selbst dreht, und das tut ihr zur Zeit, dann kann es nicht weitergehen mit einem spirituellen Sein und einer spirituellen Entwicklung zurück zu Gott. Denn eure Leben haben immer das Ziel, eines Tages den Aufstieg von der Erde zurück zu Gott zu nehmen. Euer Ur-Print, der ja nie – bis zum Ende der Welt – verlorengeht, schafft sich dann ein anderes, ein feinstofflicheres Kleid, um weiterzulernen und um endlich wieder in ein Zuhause gehen zu können, in dem die heiligen Werte noch gelebt und zu ihrer Erhaltung auch immer wieder hinterfragt werden. Nur so können sie in sich stabil gehalten werden.

Euer Wunsch, ein spirituelles Leben zu leben, mit unseren Werten, ist also in jedem von euch erhalten geblieben und die Einen oder Anderen versuchen es auch in irgendeiner Weise zu erhalten, indem sie sich um andere Menschen kümmern oder indem sie sich als Künstler auch an der Schöpfung Gottes beteiligen. Alles das ist kreativ. Und für alles das ist nicht so viel zum Leben nötig und für alles das braucht ihr nicht zu töten, nicht missgünstig, neidisch und unzufrieden zu sein. Nun aber komme ich zu den Anderen, zu denen, die sich nicht um andere Menschen kümmern mögen, und die noch nicht so reif sind schöpferisch wie die Gotte zu sein, die „Ich-Gesteuerten“. Sie haben insbesondere in eurer heutigen Zeit das Maß deutlich überschritten und übertrieben. Heute könnt ihr euch nur noch gut fühlen, wenn ihr konsumiert, oder noch besser gesagt, wenn ihr überkonsumiert.

Die Laune eurer stofflichen Natur hat dafür gesorgt, dass ihr einen bestimmten Körper bekommt. Wir sagten ja schon, dass die schönen Frauen bei euch in der Inquisitionszeit ausgerottet wurden – Frauen die in ihrem genetischen Pool bereits Seelen in sich trugen, die sich immer viele Sorgen um die Welt gemacht haben, und die auch in ihrem Seelenalter fast ohne Ausnahme schon sehr hoch entwickelte Persönlichkeiten waren und darum waren sie schön. Diese Frauen wären nie auf die Idee gekommen an sich herumschnippeln zu lassen, weil sie sich nicht schön genug finden – oder sich auch mit Silikon aufzupolstern, oder sich Botox oder Hyaluronsäure spritzen zu lassen. Diese Frauen waren in ihrem Sein so ganz einzigartig und zufrieden mit ihrer Einzigartigkeit, die darin ihren Ausdruck nahm, dass sie klug denkend und helfend für andere sein und mit uns im Himmel noch zusammen arbeiten konnten. Große Seherinnen aus dem Mittelalter zeugen noch heute von diesen Leben der Erkenntnis.
Das ist Sein!

Erst wenn ihr das Gefühl des Nicht(s)seins habt, baut ihr euch ein Scheinsein auf. Es ist sozusagen eure einzige Kompensationsmöglichkeit. Siehe Modell:

Sein

Nicht(s)sein *Scheinsein*

An diesem Modell seht ihr, dass nur das Gefühl von einfach zu *Sein,* das richtige Gefühl des Lebens ist und aus dem Schöpfertum heraus entstanden und damit das normale Gefühl ist, das wiederum nur gesunde Verhaltensreaktionen hervorbringen kann. *Nicht(s)sein* und *Scheinsein* sind Extreme, die erst dann entstehen, wenn ihr nicht mehr im Lot, im ausgewogenen Gefühl des Seins,

und damit des Gefühls des „All(eins)seins-mit-allem-was-ist", seid.
Seid ihr erst einmal in diese Extremlage gefallen, dann lasst ihr euch nur allzugern sagen, was alles dazu notwendig ist, um wieder in eure Fülle zu kommen und ihr setzt alles daran, nun eure misslichen Mangelgefühle durch ein materielles Sein zu kompensieren. Ihr schöpft gerade heute dafür aus einer Fülle, die euch durch eure momentanen materiellen Möglichkeiten und Zuwendungen möglich ist; geschaffen durch euer kapitalistisches System, das ausbeutet. Aber nicht nur genug, wenn ihr euch eine neue Tasche, ein neues Kleid, oder auch, je nach materieller Möglichkeit, ein Auto, ein Haus oder etwas anderes kauft. Nein, ihr nehmt eure Tausende von Euros und geht damit zu Operateuren, zumeist Männern, die mit euch auch nie zufrieden sind und euch eingeredet haben, wie ihr zufriedenstellend für sie auszusehen habt – obwohl sie gar nicht wissen, wie eine Frau eigentlich zu sein hat, aber auch das hinterfragt ihr nicht – und legt euch vertrauensvoll auf den OP-Tisch und lasst an euch herumschnippeln, bis es dem irdischen Männergott gefällt, was er da geschaffen hat. Ja, ihr lasst die Männer mit euch Gott spielen, denn, geht etwas daneben, weil sie ja keine perfekten Gotte sind, dann ist das nicht mehr korrigierbar, dann lauft ihr mit dem Gesicht bis zum Ende eures Lebens herum oder den Brüsten, die nun wirklich schlecht aussehen und vielleicht nun auch für immer krank und verstümmelt sind. Nun seid ihr Frauen auch mit eurer Klitoris unzufrieden. Wo wollt ihr eigentlich noch hinkommen? Warum rettet ihr nicht die Tiere, die Bäume, die Welt? Und das betrifft auch die Männer, die sich mittlerweile genauso auf den OP-Tisch begeben.
Ich frage euch, warum seid ihr mit der Natur so unzufrieden, insbesondere ihr Frauen, die ihr doch mit der Natur besonders verbunden sein könnt? Seht ihr nicht, dass ihr nur schön sein könnt, wenn aus euch heraus auch eine Zufriedenheit scheint – und warum ist alt werden bei euch eigentlich so schlecht? Ja, weil ihr es euch genau so erarbeiten müsst wie ihr es euch erarbeiten müsst

ein spirituelles Leben zu führen. Es liegt eine Größe für Mann und Frau darin gut alt zu werden. Das ist ganz allein euer eigener schöpferischer Prozess, wie ihr mit der Zeit und dem Verfall umgeht. Und das geht nur gut, wenn ihr euch im Modus Sein und nicht im Modus Nicht(s)sein/Scheinsein befindet. Nur weil ihr das Gefühl von Nicht(s)sein – ich bin gar nichts wert – habt, umgebt ihr euch mit so viel äußerlichem Kram, der euch aber nie satt machen kann. Denkt nicht, dass in diese Falle nicht auch der Mensch immer wieder fallen kann, der sich bereits im Modus Sein befindet? Nein! Das ist nicht so. Aber er hinterfragt sich ständig, ob das wirklich notwendig ist. Versteht ihr? Eure äußerlichen Werte, euer materielles Sein und die Macht, die ihr zeitweise dadurch haben könnt, sie sind nur ein Ausdruck eures Ohnmachtsgefühls gegenüber der schöpferischen Welt, die ihren Zeiteingebungsprint eurer dreidimensionalen Welt hat und damit auch das „Jung-Sein" und das „Alt-Werden-Müssen". Aber nichts ist für immer, nicht euer Geld, nicht euer Aussehen, auch die Auswirkungen eurer Operationen nicht. Alles ist miteinander verwoben und keiner von euch kommt da heraus. Nicht mit Tarnkappe, nicht mit einem Zaubertrank (obwohl es schon Getränke gibt, mit denen man sein Alter hinauszögern kann – und vor allem gibt es kleine Zauberspielereien mit der Zeit, die in eure körperlichen Zellen implantiert werden können, die unsere Botschafterin und Mitautorin kennt). Und trotzdem – auch, wenn ihr euch auf den Operationstisch legt – es ist *nie* eine Verjüngung, sondern nur eine andere Gestaltung eures Äußeren. Und damit seht ihr: Ihr könnt dem Alterungsprozess nicht entgehen; nicht durch Operationen, nicht durch zu viel Schminke, nicht durch zu viel von allem: an Luxus, an sich Einverleiben von Essen, an Luxusschlitten und Privatflugzeugen. So ist es doch gleich besser in sein eigentliches liebenswertes Sein zu finden und dem Himmel zu dienen. Wir Engel hier sind nie unzufrieden mit uns; wir sind nur mit uns unzufrieden, wenn uns etwas bei euch nicht gelingt noch besser zu machen oder wenn wir es nicht schaffen, die von euch benutzten, und eben besprochenen, falschen Gefühle zu modifizieren oder besser noch, zurückzuführen in ihr altes Sein. Schön sind bei euch nur diejenigen Menschen, die davon wissen, dass man nur einen gewissen Prozentsatz des Reichtums der Erde für sich beanspruchen darf und die anderen helfen, damit es auch ihnen gelingt ein ausreichend gutes Leben zu führen. In den anderen Büchern unserer Mitautorin, sprachen wir ja schon von den „Fünf Perlen von Shambhallah". Sie sind die heilende Maßnahme nicht nur hier bei uns Engeln, sondern auch für die Erde. Sie sollten immer schon auf der Erde die Richtlinie dafür sein, sich damit abzufinden zu lernen, dass es nur gut mit euch weitergeht, wenn ihr sie berücksichtigt. Sie heißt: „Befrage alle Dinge danach, ob sie Liebe, Glück, Wahrheit, Schönheit und Gesundheit hervorrufen, bevor du eine wichtige Entscheidung triffst." Liebe zu geben ist nie Mangel zu haben, weil es auch dem anderen gut geht, Glück zu fühlen ist sich selbst und anderen eine Heimat zu geben – und ihr habt so viele Bettler auf euren Straßen sitzen, und ihr geht an ihnen vorbei! –, Wahrheit zu leben heißt sich zu fragen, ob sie eurer Bestimmung als geistiges Wesen dient und ihr mit ihr keinem etwas antut, Schönheit zu haben ist etwas in seiner Urbestimmung zu lassen oder etwas schön zu machen, was nicht schön ist, Gesundheit zu haben, bedeutet mit der Natur so umzugehen, dass Krankheit nicht möglich ist. Doch noch etwas anderes wollte ich sagen: Wir hier entsprechen diesem Code. Wir sind immer dafür da, die Dinge zurechtzurücken. Aber euer Geschehen auf der Erde, eure Maßlosigkeit und eure Nicht-Liebe, ja die Absenz von Liebe, und eure hohe Bevölkerungsdichte, machen es uns schon fast unmöglich überhaupt noch heilend wirksam zu sein. Und weil das so ist, darum erzähle ich nun mehr von unseren Himmelsebenen, den Hierarchien von uns Engeln, von unserem Wirken und unserer Nicht-Blauäugigkeit, und was mit euch geschieht und wohin alles driftet, wenn ihr euch euren Problemen nicht schon schnell stellt und ihnen vor allen Dingen keinen Einhalt gebietet. Und ich erzähle noch mehr dazu. So soll es sein.

Zu den Zeiten, als euer altes Testament aufgeschrieben wurde, gab es immer noch zur Genüge Menschen, die sich mit uns austauschten und sich darauf verlassen konnten, was wir ihnen erzählten, weil sie es so wollten, und die sich nicht auf die Volksmeinung verließen, die hieß: Der Mensch schafft es schon alleine! Nein, dieses Denken ist erst die Eingebung, ja die Gesetzgebung eurer heutigen Zeit. Und darum habt ihr diejenigen Menschen ausgelacht und in die Nische getrieben, die die Fähigkeit besaßen, und immer noch besitzen, mit uns im Himmel in Verbindung zu treten und uns als weise Ratgeber und Lehrer zu benutzen. (Obwohl ihr sie ja immer in ein anderes Denken überführen wolltet, insbesondere eure Kirchen, die doch mit uns Engeln und Hellsehern der vergangenen Zeiten arbeiten und uns auch gerne als Heilige offerieren.) Sie wussten, dass sie dafür da waren, und dass sie dafür auch aus Gottes Reich kreiert wurden. Ihr lacht sie auch heute noch aus. Ihr wisst nicht, dass sie diejenigen Menschen sind, die bei euch eine große Kurskorrektur vornehmen könnten und trotzdem für sich selbst dafür nicht viel erwarten. Sie sind in ihrem Sein sehr tief verankert und darum auch noch mit uns in Verbindung. Und manche von ihnen sind auch inkarnierte Engel, die wieder einmal – wie in vergangener Zeit – auf die Erde gekommen sind, um als Korrektur in eure falschen Maßnahmen eingreifen und wirken zu können, und das obwohl sie im eigentlichen Sinne nie Menschen waren und damit keine Erdmenschen sind. Oder es sind die Aufgestiegenen MeisterInnen, die sich als Menschen bereits auf eurer Erde so verdient gemacht haben, dass sie als Aufgestiegene oder auch als Engel bei euch weiter wirken wollen und sollen.

Diese ehemaligen Menschen, ob EngelInnen oder Aufgestiegene MeisterInnen, sie haben sich immer dann dafür angestellt noch

einmal stofflich auf euer Erde zu werden – und sich damit auch euren Tragödien auf der Erde erneut auszusetzen –, wenn eine Neue Zeit anbricht; wenn sie entweder von einer Morgenröte – wie jetzt – oder auch einer Abendröte angezeigt wird.* Ihr seht nun, warum wir zu Anfang dieses Buches dieses Beispiel gebracht haben und warum das Buch „MORGENSTERN" auch „MORGENSTERN" und dessen Untertitel „Die Seelenalter und die Neue Zeit" heißen musste? Ja, wir stehen wieder einmal an so einem frühen Morgen**. Das hatten wir auch in den anderen Büchern schon zu Wort gebracht und der Ausdruck „Morgenröte" soll ja zeigen, dass etwas vom Farbklang und dem Farbausdruck des Tages schon in der Morgenröte vorhanden ist. Und damit wollen wir euch zurufen: Alles ist in euch und schon da, um es besser zu machen! Noch habt ihr ein wenig Zeit um alles dafür zu bestallen, aber richtig viel Zeit ist es nicht mehr!
So soll es nun passieren!
Vor Jahren, als wir das Buch „MORGENSTERN" diktierten, da waren viele Bürger nur halb bereit, unserem vorgezeigten Weg zu folgen, oder besser gesagt, sie glaubten nicht daran, dass es überhaupt noch zu einem neuen Tag kommen sollte und kommen darf, weil die Menschen immer härtere Wege gehen. Aber natürlich waren wir schlauer als sie, und viele von ihnen haben sich seitdem zurückbesonnen auf ihre Herkunft, die Aufgestiegenen MeisterInnen und auch die EngelInnen, und auch diejenigen Engel, die im

** Die Mayas wussten bereits davon, dass sich im Jahre 2012, am Tag der Wintersonnenwende, unser ganzes Sonnensystem an einem besonderen Punkt befinden würde. Diese besondere Konstellation war für sie das Ende eines großen Zyklus von 5125 Jahren – eines Weltzeitalters. Und weil wir uns nun wieder am Anfang eines neuen Weltzeitalters befinden, spricht Christopherus auch von einem frühen Morgen**, und es ist zu hoffen, dass wir dieses Mal die Chance nehmen, diesen Neuen Morgen und die ganze Neue Zeit danach anders zu gestalten; dass wir nicht mehr unsere Erde ausbeuten und die Tiere essen und dass wir zu jeder Zeit ein heiliges Leben wollen und dass wir auch wieder eine weiblichere und damit schönere Welt bekommen. Um das zu gestalten, dafür ist meine „www.muetter-und-vaeter-der-welt.de – Heilungs- und Ideenschmiede für die Neue Zeit" gedacht.*

menschlichen Kleide alle Inkarnationszyklen von einer Babyseele bis hin zu einer Alten Weisen Seele mitgemacht haben – und auch manche Erdgeborenen, die sich nun auch auf dem wundervollen Weg zu *ihrem* Aufstieg befinden.
Also, ich sagte bereits, dass ein neuer Morgen mit seiner Morgenröte angebrochen ist und dass ihr diese Morgenröte sehen könnt, wenn ihr sie nur sehen wollt und dass ihr auch an ihrer Farbe und ihrem Farbklang erkennen könnt, dass unsere Maßnahmen euch zu steuern, nicht mehr im Urmeer der Zeit dahingehen dürfen. Erst wenn ihr daran glaubt, dass ihr daran arbeiten müsst, immer noch besser zu werden, und wenn ihr auch daran glaubt, dass es diese Zeit und die Möglichkeit einer Umkehr wirklich noch gibt und dass sie wirklich eure allerletzte Chance ist, erst dann kann alles besser werden. Hört darum auf diejenigen, die euch nicht von ungefähr mit „Engelszungen“ darum bitten, dass ihr anders werden müsst, und die euch ja bereits helfend beiseite stehen; oft schon als Kind drücken sie mit ihren ganzen Sinnen ihre Liebe für euch und die Welt aus. Es ist sehr schwer für sie daran festzuhalten, dass sie anders sind und dass sie das Wissen darüber haben, wie sie die Welt verändern können. Manche wissen von ihrem Sein als „Ewige Engel“ oder „Aufgestiegene Engel“. Manche ahnen es auch nur – die Fenster, die daran offen bleiben, bleiben verschiedenartig bei ihnen offen, was an ihrer Seelenstruktur selbst und an ihren Erfahrungen mit den Erziehungsmustern von Eltern und Lehrern liegt. Aber immer haben diese Wesen bei euch noch ein Fenster zu uns offen, und wenn sie es wollen, dann gehen wir mit ihnen in den Prozess der Rückerinnerung und öffnen ihre Fenster noch mehr, damit sie sich ihrer Herkunft erinnern und sich – wenn sie sich in einem bestimmten Alter befinden – nicht mehr (ver-)biegen lassen.
Natürlich sagen bei euch manche Eltern: „Dieses Kind ist ein Engel.“ Aber es kann auch sein, dass dieses Kind einfach nur freundlich und liebend ist. Einen Engel erkennt ihr nach bestimmten Mustern, und auf die will ich nun eingehen, damit ihr in der Zu-

kunft diejenigen noch besser erkennt, die euch helfend als Lichtarbeiter zur Seite stehen (stehen müssen!!!). Und darum erzähle ich euch auch von denjenigen Menschen, die bei uns zu EngelInnen wurden und von den immer Ein-Engel-Gewesenen; wie ihr sie erkennt, was sie ausmacht und was ihre Arbeit und Ausdrucksweise ist. Es hat dazu immer wieder in den Büchern unserer Autorin darüber Erklärungen gegeben, wie wir arbeiten. Aber für dieses Buch, das ja erklären soll „wie der Kosmos arbeitet“, ist es uns nun insbesondere wichtig, noch mehr von uns Engeln zu erzählen, die wir als Mittler zwischen den Gotten und euch stehen und die wir nicht nur bei euren Gesprächen immer nur dann auftauchen wollen, wenn es Krisen gibt oder wenn ihr euch etwas egoistisch wünschen wollt.

Wir wollen, dass wir mitten in euren Leben von euch aufgenommen sind und geliebt und geschätzt werden für das, wofür wir geboren wurden: als „Heilsbringer und Korrekturmaßnahme für die Welt“, als „Immer-Liebende“ und „Nicht-anders-Könnende“ als „Fleissig-Seiende-für-die-Welt“.

Ihr fragt euch, wie wir wohnen und das will ich zuerst erzählen, auch, wenn Erzengelin LILA und Erzengel Michael in den anderen Büchern schon viel davon erzählt hatten. Und darum fange auch ich mit den Dimensionsflächen an, von denen im Buch „Briefe an die Weltenbürger – Neue Vorgaben für die Neue Zeit“ so viel die Rede war, um euch darüber zu berichten, warum wir so viele Einsichten in euch und eure Maßnahmen haben, und was es für uns bedeutet, wenn wir nicht eingreifen können, weil wir von euch nicht mehr gehört werden können und auch nicht mehr gehört werden wollen.
Da der Urgrund von uns in der Schöpfung der Gotte lag, die unbedingt Korrekturmaßnahmen einleiten mussten, weil manches in der Schöpfung auch falsch gelaufen war, und weil eure Erde als Schöpfungssystem auch aus sich selbst heraus Evolution betreiben

kann, wurden wir aus der Schöpfung heraus gestaltet und durften „die Engel“ werden. Die Arbeiter der Gotte, die ihnen immer dann zu Hand gingen, wenn die Schöpfung ausruhen musste, um Neues in ihren Ideen zu erdenken oder wenn Schöpfungssysteme sich selbst überlassen wurden oder wenn etwas schief gelaufen war. Und das war auch schon zu Anfang für uns sehr viel. Wir kannten viele Maßnahmen noch nicht und mussten uns darum auch immer noch nahe an die Gotte anschließen, damit wir von ihnen lernen konnten wie dies und das zu machen war. Die Verantwortung der Gotte, ihre Liebe, die sie immer für die Welt inne hatten, die bekamen wir implantiert (sozusagen kopiert) und darum strahlten wir auch schon zu Anfang unserer Zeit eine so eine tiefe Unschuld aus, von der ihr auch heute noch begeistert seid; aber um ehrlich zu sein, weil eure Welt so misslich geworden ist, sind auch wir nicht mehr so unschuldig und anmutig anzusehen, wie zu Anfang unseres Seins. Wir hatten also erst einmal viel zu lernen und dafür standen uns die Gotte zu Verfügung. Wir waren damals sozusagen kleine Nebengotte, und wir lernten mit den Elementen umzugehen; sie herunter- oder hochzufahren. Und das machen wir auch heute noch so. Ja, wir lernten Liebe zu machen und sie zu verschenken. Wir lernten so viel, für das es sich lohnte zu leben und zu sein. Da gab es noch keine Engstirnigkeit und keine Launen, wie bei euch heute. Die Gotte implantierten uns in ihre verschiedenen Bereiche und so lernten wir Engel für diese verschiedensten Bereiche zuständig zu sein, und wir zogen uns auch dementsprechend verschiedene Kleider an. Die Elfen und Feen, die ihr heute bei euch auf der Erde noch manchmal erkennen könnt, sie sind sozusagen eine Veränderung, oder noch besser gesagt, eine Anpassung unseres Engelkleides für das Naturreich, für das sie zuständig sind. So bewohnte mit der Zeit jeder der Engel verschiedene Bewusstseinsebenen; das Tierreich, das Pflanzenreich, das Wasserreich, das Luftreich, das Feuerreich... Immer konnten wir uns anpassen, aber auch wählen, mal ein Reich zu wechseln und dadurch noch mehr zu lernen.

Alle Reiche bedingen, dass sie verschiedene Schöpfungsebenen sind. Diese Schöpfungsebenen sind zwar bei euch untereinander eingebracht und ihr versteht sie als die Gesamtschöpfung Erde, aber immer sind trotzdem alle Schöpfungsebenen wie mit einer Art Haut überzogen ihr eigenes Gebiet. Nur vom Rande der Schöpfungsebenen kann man in die Schöpfungsebenen anderer Reiche einsehen. Und diese Haut, diese Abgrenzung, macht es möglich, dass wir Einblick auch in andere Schöpfungsebenen nehmen können.

Auf der nächsten Seite findet ihr noch einmal die Abbildung aus dem Buch „Briefe an die Weltenbürger – Neue Vorgaben für die Neue Zeit –", von Seite 295, die euch aufzeigen soll, wie wir Engel die Dimensionsflächen bewohnen, die zu den verschiedensten Bewusstseinsreichen gehören*, und dass wir damit immer einen Einblick in die nächsten Systeme nehmen können, ja uns sogar in die Unterabteilungen dieser einzelnen Systeme schwingen können, um alles wahrzunehmen. Da wir am Rande der Schöpfung, auf den Flächen der Dimensionsebenen zu ihr leben, haben wir auch die Fähigkeit in die anderen near by-Bereiche Einsicht zu nehmen und je fähiger wir als Engel wurden – das war und ist immer unsere eigene Evolutionsmöglichkeit gewesen – um so mehr Bereiche können wir bereisen; wir können von den Rändern der Dimensionsebenen wieder in andere Bewusstseinsbereiche reisen und in sie tiefer einsteigen und damit in noch tiefere Unterbereiche gehen, wenn wir dafür ausgestattet sind und uns auch dahin entwickelt haben. Das ist eine wunderbare Möglichkeit des Reisens und des Aufnehmens von multidimensionalem Sein. Diese Fähigkeit von uns Engeln habt auch ihr. Ihr seht euch ein Tier an und ihr entscheidet, inwieweit ihr euch mit dem Tier beschäftigen und in sein inneres Sein gehen wollt. Ihr könnt das in Liebe machen; indem ihr die Sprache des Tieres zu verstehen lernt – so

** Dieses mir zum besseren Verständnis durchgegebene Modell, weist Ähnlichkeiten mit Burkhard Heims (dt. Physiker, 1925-2001) sechs Dimensionen-Theorie auf, die von Walter Dröscher und Jochen Häuser auf acht Dimensionen erweitert wurde.*

ANHANG, Abbildung II

Zeichnung des „Achtfältigen Seins“ mit seinen Dimensionen, Unterdimensionen und Dimensionsflächen.
(Alles ist holografisch zu verstehen.)

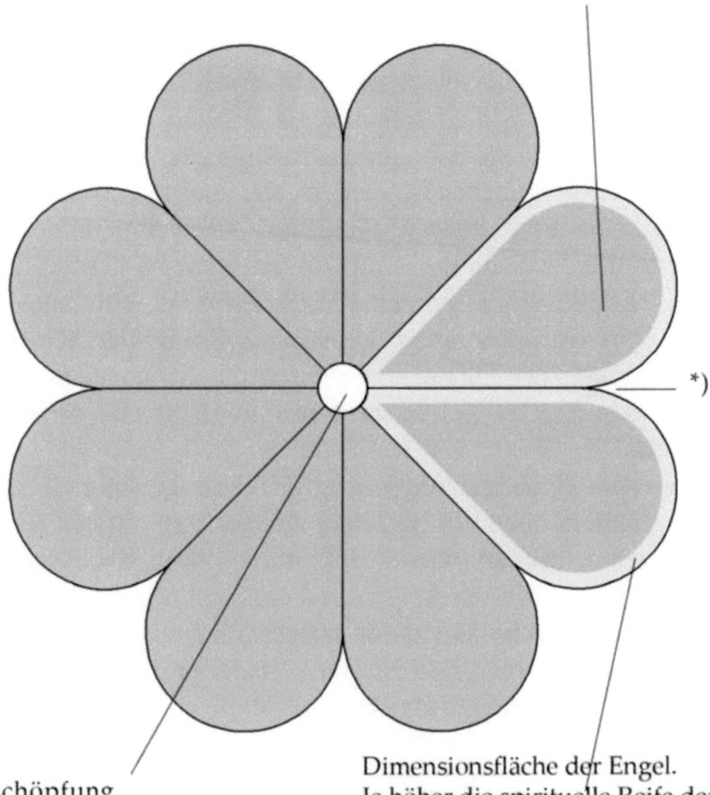

*) Schnittstelle, für die Einsicht von einer Dimension in die andere Dimension.

wie das Tier es auch mit euch macht, indem es eure Sprache zu verstehen lernt – oder ihr macht es in Nicht-Liebe, indem ihr es tötet und die Zellen zur Forschung seziert oder sie sogar in euch einverleibt durch eure Mahlzeiten.
Noch ein Beispiel: und hier spreche ich wieder euch Astrophysiker, Astronomen und Astromathematiker – und nun auch die Astrobiologen – an. Ihr geht mit dem Teleskop in den Kosmos und seht euch das an, was ihr mit dem Auge seht, ihr beginnt mit Rechnungen und Kalkulationen. Es geht aber auch anders: Ihr beginnt euch mit den Sternen auf schamanische Weise zu verbinden und damit in ihr tiefes inneres Sein einzudringen.
Immer ist es eure Entscheidung, die Dinge nur oberflächlich anzusehen oder nicht; also nur das anzusehen, was sich in der Nähe der Hautabgrenzung eines Bewusstseinsreiches befindet, oder doch tiefer in dieses Bewusstseinsreich hineinzusteigen. Und es bleibt auch immer eure Entscheidung, ob ihr es in Liebe, Respekt und Verantwortung vor der Urschöpfung macht oder nicht.

Nun komme ich zu einem wichtigen Teil.
Mit uns zusammenzuarbeiten ist der eigentliche Clou der Erfindung der Gotte. Denn nur der Austausch mit der Urschöpfung – für die wir ja bereitstehen, weil ihr Gott und die Gotte nicht und nie erreichen könnt – bringt es, dass ihr die Fähigkeit erlernt wie die Gotte sein zu dürfen; kreativ, investigativ und liebevoll. Ihr Männer, ihr braucht euch nicht an der Schöpfung zu vergreifen, um euch an die Erforschung der Welt zu machen. Nehmt unsere Fähigkeit, denn wir sind bereits die ausgewiesenen Physiker, Astronomen usw. Und wir merken schon, dass ihr darüber wütend seid, wenn ihr das hier lest, weil ich sage, dass ihr es nicht alleine schaffen könnt bis in den Urgrund der Welt einzusteigen. Das ihr uns dazu braucht.
Eure Wut ist der Urgrund dafür, dass ihr nur „kleine Mitschöpfer“ sein könnt. Ihr spürt, dass ihr uns immer nur hinterher hecheln könnt. Aber versteht: Ihr hättet eine gesundere Forschung und

auch gesundere Forschungserkenntnisse im Bündnis mit uns – und vor allen Dingen hättet ihr eine liebevollere, schaffendere und kreierendere Macht in euren Händen und erst dann würdet ihr (natürlich nur ein bisschen) gottgleich.
Also um die Welt zu erforschen, kommt ihr nicht um uns herum! Ja wir wissen, das tut weh. Ihr wollt doch alles allein bewerkstelligen und uns Engel gibt's ja nicht – „ihr könnt sie nicht mit euren Teleskopen sehen," sagt ihr – na, wir lachen schon und freuen uns, wenn ihr dann doch mit uns mitmacht, weil der Forschergeist in euch eines Tages das doch so will, weil ihr merkt, dass ihr nicht schnell genug oder auch gar nicht mehr vorankommt! Ihr spürt ja, dass ein Leben wirklich zu klein ist, um große Fortschritte in eurem Forschungsbereich machen zu können. Nur mit uns zusammen könnt ihr auf das Genie in euch selbst stoßen. Nur mit uns könnt ihr lernen, Dimensionsflächen zu bewandern und eure Wanderung auf ihnen auszuweiten – um dann irgendwann, eines Tages, noch tiefer in die Bereiche einzudringen, die noch tiefer unter der abgrenzenden Haut (viele Mikrokosmen im Makrokosmos) verborgen sind. Nur so geht das! Nicht über Atommüllherstellung und Strahlenbenutzungen, die euch nur töten können.
Findet doch das erst einmal heraus, bevor ihr weitermacht.
Nein, ich bin hier nicht blauäugig. Wir warten schon darauf, dass ihr das macht. Ihr müsst nur den Stecker *bei uns* hineinstecken. Ihr müsst lernen das Handy zu uns zu benutzen und dafür die Telefonnummern herauszufinden, und vor allen Dingen müsst ihr lernen die Welt zu lieben, erst dann wird euch nämlich der Zugang zu uns gewährt.

Wir wissen, das ist ein langer Weg, der Weg zu euch selbst, in dem der Mikro- als auch der Makrokosmos mit all seinen Geheimnissen verborgen ist, und ihr wollt ihn nicht gehen, weil euch mittlerweile der Zugzwang der Forschung, schnelle Ergebnisse in der Hand haben zu müssen, davon abhält, Reisen in euch selbst und zu uns zu machen – und natürlich hält euch euer männlicher

Stolz und Chauvinismus davon ab. Dann sage ich: „Forscht weiter, macht weiter so! Aber eure Erkenntnisse werden gering sein!" Das ist doch die Logik nicht wahr?

Aber da es nun auch Lichtarbeiter unter den Himmelsforschern gibt, ist es gegeben, dass doch einige aufwachen werden – und manche sind auch schon ziemlich aufgewacht, aber sie sagen nur einiges, von dem, was sie denken und fühlen, denn auch sie unterstehen eurem System und haben oft eine Familie zu ernähren. Aber nun ist für sie die nächste Falle gegeben. Sie heißt: Von wem lernen wie der Kosmos arbeitet, wenn die Engel so weit weg sind?
Na ja, eigentlich sind wir nicht weit weg, wir sind immer da, weil ja alles mit allem verbunden ist und wir Dimensionswanderer sind, die auch in noch kleinere Systeme in einem System eindringen können. So sind wir natürlich schnell bei euch, wenn ihr das wollt. Ihr habt auf der Erde die Möglichkeit von Schamanen zu lernen und mit ihrer Hilfe zu Dimensionsflächenwanderern zu werden! Wir haben sie extra dafür ausgebildet euch zu lehren, wie ihr es macht euch in unsere Welt einzugeben; damit ihr uns hören und sehen und damit auch zu erfolgreichen Reisenden in den kosmischen Weiten werden könnt. Mit ihnen, die große Forscher sind, könnt ihr auch Reisen in eure Erdgeschichte, und in eure vorherigen Leben vornehmen, und die Antworten und Erleuchtungen, die ihr dann erhalten werdet, die werden euch weiterbringen Neues zu erforschen und vor allen Dingen Neues – das eigentlich Altes ist – zu denken, was ihr bis jetzt ausgeschaltet habt, weil euer universitäres System es nicht zulässt, bestimmte Dinge zu denken, die nicht im Rahmen liegen und damit ein Freigeist zu sein. Also hier liegt eine große intellektuelle Anschubsmöglichkeit vor euch. Und es werden wieder die Rebellen unter euch sein, die diese Wege dann trotzdem gehen wollen, weil sie erkennen, dass der Forschungsweg, der einmal vor vielen Jahrhunderten – und nicht erst seit Galilei – seinen Anfang genommen hatte, schon

ziemlich an seinem Ende angekommen ist. Stoffliches nur mit stofflichem Equipment zu erforschen ist okay. Aber wie gesagt, ihr seid ja nur der Doppelgänger vom Ur-Print und weil alles im lebendigen System so gestaltet ist, ist es wichtig, sich nun endlich die feinstofflichen Bereiche anzusehen, die ja der Urgrund der Stofflichkeit sind. Alles was ihr in der Stofflichkeit findet, ist im feinstofflichen Ur-Print bereits enthalten – nicht mehr und nicht weniger. Aber nur das Stoffliche anzusehen, heißt, die Hälfte der Forschung zu betreiben.
Ihr sagt Mars und Venus sind unbewohnt. Schließlich könnt ihr keine Männchen darauf entdecken. Wir aber sagen: Sie sind bewohnt, aber nur auf eine andere Weise; eine Weise, die ihr nicht mit eurem bloßen Auge, sondern nur mit eurem feinstofflichen Auge und anderen feinstofflichen Sinnen erkennen könnt. Also laßt diejenigen, die „kosmisch" initiierte Schamanen – und damit „echte" ausgebildete Schamanen – sind, in der hoffentlich baldigen Zukunft in eure Forschungsstätten gehen, um von ihnen zu lernen, wie man die Feinstofflichkeit erkennt. Ihr braucht keine Angst vor ihnen zu haben. Sie wissen schon, dass sie nicht eure mathematischen Fähigkeiten haben und sich auch nicht immer noch bessere Teleskope bauen können, wie ihr – sie wissen aber von dem Teil ihrer Fähigkeit, der euch helfen könnte, noch bessere Forscher zu sein. Sie besitzen den anderen fünfzig prozentigen Anteil, ohne den ihr nicht weiterkommt. Aber auch wir hier, und vor allen Dingen ich als Vater der Christusebenen, habe ein großes Interesse daran, dass ihr eine wundervolle Forschung betreibt, weil sie der direkte Weg zurück zu Gott ist (für euch Männer!). Gott sendete euch aus und ihr geht auf dem Weg der Erkenntnis durch die Forschung zurück in seinen Ursprung. Diese Art von Forschung machten auch die Religionen, wenn auch auf eine andere Weise und auch nicht immer erfolgreich, weil sie den weiblichen Anteil der Forschung negierten und verletzten.

Mein Angebot an euch ist eine neue Möglichkeit von Erkennung und Heimkehr – und eine neue Art der Anerkennung der wunderbaren Schöpfung. Macht es mit Liebe, macht es mit Freude und mit den Frauen, die anders denken wollen und sollen, und dann hinterfragt euch immerzu, nach den Regeln von Shambhallah*, ob es auch in Ordnung ist und niemandem schadet, wenn ihr diesen oder jenen Versuch ausführt. Und wenn ihr es wollt, dann helfen wir euch auch dabei. Wir können auch das! Und wir sind dann wirklich große Muntermacher für eure Forschung, die ja noch in den Kinderfüßen steckt und von der ihr bis jetzt noch ***nicht all zu viel Vorteil hattet für eure eigene Seelenentwicklung***. Das ist das Ziel:

Zurück zu Gott mit einer Seelenentwicklung dessen Modus
„Immer-In-Liebe-Sein" heißt!

Nun mache ich den Übergang zum nächsten Kapitel.
Unsere Mitautorin hat während des Channelns schon genug darüber nachgedacht, warum es wirklich immer die Männer sein müssen, die erzeugen, forschen und bestimmen. Und sie fühlt sich als Frau schon ganz klein, auch wenn sie schon ein wenig ahnt, was ihre Rolle als Frau im Spiel Gottes ist. Darum nun auf und schnell zum nächsten Kapitel.

** Noch einmal zur Erinnerung: „Befrage alle Dinge danach, ob sie Liebe, Glück, Wahrheit, Schönheit und Gesundheit hervorrufen, bevor du eine wichtige Entscheidung triffst". Diese Regel lässt sich auch noch wunderbar ausweiten, indem man hinzufügt: „...und dass sie meinen Nachkommen bis zum siebten Glied nützlich sind" (eine sehr weise Indianerregel). Dieser Vorschlag wurde für das Buch: „Briefe an die Weltenbürger – Neue Vorgaben für die Neue Zeit –" gemacht.*

Ja, das Urweibliche zieht euch hinab. Das stimmt!
Aber es stimmt nicht so, wie die Bibel das meinte, oder besser gesagt, wie ihr die Bibel, und insbesondere die Kirchenmänner, die die Frauen hassten, die Bibel ausgelegt haben.
Das Urweibliche in der Schöpfung beinhaltet eine Kurskorrekturmöglichkeit von zu viel männlicher Energie die durch die Elemente Luft und Feuer gegeben ist. Die weiblichen Elemente Wasser und Erde sollen das zu viel der genannten männlichen Elemente *herunter holen* bzw. ***hinab ziehen****).*
Das war den Gotten und den Elementen selbst schon schnell bewusst, dass das sein musste, denn sonst wären viele Schöpfungsmodelle schon schnell in sich selbst zerplatzt.

Für euch Frauen hatte sich darum eine Sonderstellung im Kosmos ergeben. Das Schöpferische war vollbracht, dem konnte nichts mehr hinzugefügt werden, aber wie es vollbracht war, mit der Sorge um die Zukunft und um die Beständigkeit im allkosmischen System, der konnte man nur begegnen, wenn man das Weibliche als Gegenpol zu der Schöpfungsmaßnahme der Gotte setzte. Und darin ist auch etwas Wunderbares enthalten, aber auch eine Fallstrick eingebunden, wie ihr Frauen das ja heute erkennen könnt.
Ihr wisst oft nicht mehr wie ihr euren Tag noch bestehen sollt; ohne Angst vor dem Untergang, ohne krank und verrückt an eurem System zu werden. Ihr habt so eine weite Anpassung an euer Männersystem mitgemacht, und leider auch mitmachen müssen, dass auch ihr euch gar nicht mehr eurer Herkunft und dem Sinn eurer Herkunft bewusst seid. Ihr seid euch eurer eigenen Herkunft und auch dem Sinn eurer Herkunft und damit eures Lebens auf der Erde nicht mehr bewusst, weil die Männer über die Zeiten der Menschheitsentwicklung auf der Erde immer weniger sahen,

wozu ihr überhaupt da seid. Und damit fehlt euch etwas Entscheidendes: Euch fehlt seitdem der glanzvolle Spiegel, indem ihr euch erkennen könnt. D. h. eure Partnerschaften sind sozusagen der Spiegel, indem ihr euch wiedererkennen sollt.
Dazu will ich nun mehr sagen:
Es ist nicht so, dass eure Bestimmung, weil ihr nicht schöpferisch wie die Männer sein könnt – also keine Computer oder Flugzeuge herstellt – falsch und wenig wert ist. Eure Bestimmung war immer richtig gedacht und als genug von den Gotten und uns Engeln betrachtet worden. Da die Männer aber bei euch so eine Stärke bekommen haben, dass nur eure Unterordnung euch noch überleben läßt, ist es soweit gekommen, dass ihr auch euer wunderbares Aussehen dem Kleiderschrank der Männlichkeit geopfert habt. Seht euch an, wie ihr herumlauft. Wie ihr die Hosen der Männer bereits als eure Kleidung adaptiert habt und damit auch andere Modemaßnahmen, die noch vor einhundertfünfzig Jahren kaum möglich gewesen wären. Ihr habt eure Anpassung soweit getrieben, dass ihr noch nicht einmal mehr merkt, dass ihr sie macht; dass ihr alles das mitmacht, was die Männer euch vorgeben. Aber wir wissen auch: Was sollt ihr machen, wie euch der Stärke der Männer gegenüberstellen, die ja durch ihre Elemente des Feuers und der Luft so stark ausdrucksfähig sind. Eure Elemente Erde und Wasser sollten als Gegengewicht einen fünfzig prozentigen Anteil dazu setzen. Und damit wäre die Männerstärke ja nicht mehr so auswirkungsreich gewesen. Aber eure heutige Stärke beträgt noch nicht einmal mehr fünfundzwanzig Prozent. Nur beim Kinderkriegen holt ihr euch – gezwungenermaßen und wenn alles gut geht – die euch verloren gegangenen Prozente wieder zurück. Nur so könnt ihr euer Überleben und das Überleben eurer Kinder sichern. Aber dann sollt ihr eure Kinder in die Kita geben und wieder am Arbeitsmarkt anklopfen, um selbst überlebensfähig und damit nicht mehr von den Männern und eurem Staat abhängig zu sein. (Den ihr mit eurem Kinderkriegen und eurer Arbeit nun doppelt absichert, denn zum Einen braucht der Staat Nachwuchs um

die Rentensysteme zu erhalten und zum Anderen seid ihr mit eurer Arbeit nicht vom Sozialstaat abhängig). Seitdem diese Wirtschaftsregeln bei euch herrschen, ist wieder eine sehr große Schwächung von euch eingetreten, die so lange anhalten wird, so lange die Ausbeutesysteme eurer Wirtschaft euch am Tropf halten.
Eure Schwächung ist aber schon lange gegeben. Im Matriarchat gelang diese Schwächung, weil die Männer nicht mehr für euch sorgen wollten und eure Stellungen als Priesterinnen und Richterinnen zu groß fanden und neidisch auf euer Kinderkriegen wurden. In der Inquisitionszeit gelang sie durch die großen Ausrottungssysteme, weil die Männer neidisch auf eure großen Heilkräfte waren – weil ihr wieder, wie im Matriarchat, mit uns im Himmel in Verbindung treten konntet, also die richtige Religio beherrschtet und uns zu den Krankheiten und deren Therapiemöglichkeiten befragen konntet. Und seit dem Beginn eurer Industrialisierung begann eure Ausbeutung damit, dass ihr schuften und trotzdem – und auch oft alleine – eure Kinder großziehen solltet, und das ist bis heute so geblieben. Ich spreche hier noch nicht einmal mehr von eurer weiteren Schwächung durch die Kriege der Männer durch die Zeiten der Menschheitsgeschichte hindurch. Was ihr Frauen heute als eure eigentliche „Emanzipation" bezeichnet, das ist eure Schwächung! Ja, sie ist mehr als eure Schwächung, sie ist ein Angriff auf eure Welt. Auf eine Welt von Frauen, die nicht mehr von Frauen gemacht wird, sondern von Männern vorgegeben wird. Natürlich, ihr habt es euch erkämpft, dass ihr mittlerweile die Universitäten genau so besuchen könnt wie die Männer und auch im günstigsten Fall Abschlüsse als Professorinnen abliefern könnt. Aber ihr habt es nicht geschafft, euer eigenes Frauenmodell für ein weibliches geistiges Wachstum und ein Frauenleben zu entwickeln, das „gebildet sein" heißt, aber auch „Mutter sein" und „Zeit für die eigenen Kinder haben".
Um für eure Kinder dasein zu können, und sie lieben zu können, braucht ihr aber viel Zeit! Und da ist euch nun die größte Falle

vorgeworfen worden. Durch eure Arbeitsbedingungen habt ihr nicht mehr viel Zeit für eure Kinder – aber Liebe braucht Zeit, sogar sehr viel Zeit um sich auszudrücken; die kleinen Gehirnchen eurer Kinder können euch noch nicht so schnell folgen, wie die Männer das in ihrer Unruhe gerne hätten. Natürlich ist es so, dass andere Frauen eine gewisse Zeit als Ersatzmütter eure Rolle übernehmen können, aber für eure Kinder seid immer ihr die Mütter (eine Ausnahme ist natürlich dann gegeben, wenn ihr als Mutter nicht fähig seid eine gute Mutter zu sein oder wenn ihr zu krank seid, um euch um sie zu kümmern). Und da ihr mittlerweile selbst missbrauchte Mütter seid, seid ihr auch so ausgelaugt, dass ihr kaum noch Kraft habt zu lieben. Und nun wollt ihr ja auch gerne noch in einer Partnerschaft leben und seid mit der Möglichkeit konfrontiert, dass es zur Genüge Männer gibt, die keine Verantwortung übernehmen wollen und können (was oft an ihr Seelenalter, aber auch an ihren Egoismus gebunden ist), und dass auch die guten Männer dermaßen stark eurer heutigen irrwitzigen Beschleunigung unterliegen, dass sie kaum noch Zeit für euch herausschlagen können und wenn doch, dass sie dann völlig fertig sind. Und so akkumuliert sich für eure Kinder immer mehr das Gefühl zu viel zu sein für ihre Eltern. Ihr sagt: Das stimmt nicht. Ich aber sage: Eure Kinder fühlen sehr genau, wann sie lästig werden und wann nicht, und ihr wisst ja selbst, dass ihr an Urlaubstagen euren Kindern ganz anders Rede und Antwort stehen könnt als an den übrigen Tagen, wenn ihr arbeiten müsst, und dass ihr an solchen Tagen auch dementsprechend eure Kinder mit anderen Augen, mit den Augen der Liebe und Geduld, ansehen könnt, und in ihnen Dinge entdeckt, die ihr vorher nie gesehen habt, die aber trotzdem immer da waren. Die Zeit – eure ausgebeutete Zeit – spielt also eine grundlegende Rolle in der Fähigkeit zu lieben. Und es liegt in der Natur der Elemente, dass die Zeit durch die Elemente der Erde und des Wassers, der weiblichen Elemente der Ruhe, gestreckt wird und damit anders ausgefüllt werden kann.

Die große Falle, die zu Beginn des Industriezeitalters bei euch zuschnappte, war dadurch gegeben, dass die Frauen aus finanziellen Gründen mitarbeiten mussten und dass ihr euch seitdem nichts anderes mehr denken könnt, als dass Frauen mitarbeiten müssen – aber wir wissen, dass ihr zwischendrin immer wieder so eure Zweifel daran habt, in welche Lebensform ihr in eurem Wirtschaftssystem eingebunden seid, und manche Frauen stellen sich ja auch schon gegen dieses System. Und trotzdem bleibt euch zumeist nichts weiter übrig, als mitzumachen in dieser nun traurig und beschleunigt gewordenen Welt, die euch mit ihrem Geld ständig unter Druck hält. Ihr denkt, dass es eure Emanzipation ist, einen Beruf zu haben und Geld zu verdienen. Aber die Emanzipation der Frauen – bei der nicht alles schlecht war – die hat die Falle gestellt, dass Menschen mit einem fraulichen Körper sich ständig gegen männliche Energien behaupten müssen und dass sie nun auch für das eigene Einkommen sorgen müssen. Wie wäre es denn, wenn ihr wieder dafür sorgen würdet, dass ein Ernährer genug für eine Familie verdient und dass die Frauen die Kinder großziehen und sich darin üben euer soziologisches System zu hinterfragen und neue Spielregeln einzuleiten? Dafür sind die Frauen ja abgestellt. Dafür muss unbedingt eine neue Politik her. Eine Politik der weiblichen Reife und nicht des „sich den Männern und den Sichtweisen der Männer und ihren Wirtschafts- und Politiksystemen unterstellens".

Dann wären nicht mehr so viele Menschen arbeitslos und dann gäbe es auch mehr Menschen für fürsorgliche Hilfen. Und das ist es ja, wofür die Frauen da sind: für die Fürsorge, die Liebe, die Hilfestellungen. So könnten sie die Kirchen reformieren und das von Männern geprägte Ärzte- (Klinik-) und Forschungssystem und vieles andere mehr. Sie könnten bei euch eine Veränderung einleiten und erzeugen mit ihrer Fähigkeit „Druck von unten nach oben auszuüben" – das tun sie ja auch aus ihrem Überlebenswillen heraus mit ihren Männern, wenn sie schwanger sind und Kinder kriegen, dass sie sich zu weigern beginnen, bestimmte Dinge mitzumachen und ihre Männer zwingen bestimmte Verhaltensweisen – reifere Verhaltensweisen als zuvor – zu übernehmen, weil sie sonst ihre Schwangerschaft gar nicht zu Ende bringen könnten. Und mit ihrer biologischen Fähigkeit Kurskorrekturen einzuleiten, die, wie ich ja sagte, durch ihre weiblichen Elemente Erde und Wasser gegeben ist, könnte noch viel mehr Gutes geschehen. Wenn z.B. keine Frau mehr zu den Chirurgen geht, um sich einer Schönheitsoperation zu unterziehen, dann müssten sich diese mit den Werten der Frauen auseinandersetzen und zwangsläufig etwas anderes für sich suchen. Wenn Frauen dafür sorgen würden, dass Tiere nicht mehr gegessen werden sollten, und ihre Erkenntnis auch den Männern gegenüber durchsetzen würden, indem es so ein Essen Zuhause nicht mehr gibt, und indem sie sagen, dass sie auch keine Lust haben jemanden zu küssen, der Tiere isst. Viele Frauen bei euch sind Vegetarierinnen aus Tierliebe, und das freut uns auch sehr, aber für die Männer kochen sie immer noch Fleisch! Sie haben keine Kraft sich den Diskussionen auszusetzen, den Diskussionen mit den Männern und ihren starken Ausdruckskräften. Das zeigt aber die Schwäche der Frauen an, nicht ihre Stärke! Könnten sie sich besser durchsetzen, dann würde es auch keine Schlachthöfe mehr geben. Ihr seht? Ihr Frauen habt so viel zu tun und so eine wunderbare Macht in euren Händen, ihr müsst sie nur zu benutzen lernen. Es gibt doch auch schon viele Männer, die gerne von euch lernen wollen. Wenn ihr in den Häusern der Männermacht mitmacht – in den Universitäten das studiert und lehrt, was von Männern vorgegeben ist, wenn ihr in den Schulen den Kindern nur dreidimensionales sichtbares Wissen einbleut, sie zwar Formeln lernen lasst, aber für ihr Empfinden für die Natur und die Tiere nichts tut, dann kann sich nichts ändern, aber wenn ihr damit beginnt alles zu hinterfragen und verändern zu wollen – und wenn ihr dafür dann auch noch euren Liebreiz und Charme einsetzt –, dann kann es doch weitergehen mit der Veränderung. Denkt doch an die Frauen von Lesbos, die sich weigerten ihre

Männer körperlich zu lieben, falls diese weiterhin ihre Kriege anzetteln!
Eure weiblichen Elemente sind nicht schwächer als die Elemente der Männer, nur anders und weicher, aber ihr wisst ja auch, dass stetes Wasser den Stein aushöhlt (und denkt an die Kraft eines Tsunamis!). Ihr müsst eure Macht nur zu benutzen lernen. Wenn die Männer mit ihren Ideen auch Schöpfung betreiben, dann müsst ihr die Kontrollinstanz werden, diejenigen, die sagen: „So geht es!“ oder „So geht es nicht! Hier machen wir nicht mit!“ Und die Perlen von Shambhallah als Richtlinie benutzen zu können, das ist doch eine besonders gute Maßnahme für euch die Männermacht zu hinterfragen, dafür haben wir sie für euch wieder heruntergebracht. In den atlantischen Zeiten eurer heutigen zweiten Erde war diese Richtlinie noch nicht für euch verloren gewesen.

Also wir denken: Ihr Frauen solltet Kontrollkommitees einrichten; für Atomkraftwerke, für Abgasemissionen, für medizinische Einrichtungen, für Schulen, Universitäten, quasi für alles – und bei allen Dingen solltet ihr euch fragen, ob es der Schöpfung insgesamt dient.
Hättet ihr das bereits mit euren Tierversuchen getan, dann hättet ihr heute nicht die verdammte von Männern gemachte Medizin. Hättet ihr das bereits mit den Transplantationen gemacht und nicht vergessen, dass der ätherische Körper nach so einer Operation nicht mehr vollständig beim Tod zu sich zurückfinden kann und dass das Sterben eine wichtige Korrekturmaßnahme ist und dass das Zeitrausschinden unter diesen Umständen für den Spender sowie für den Empfänger eine Qual ist, dann hättet ihr heute keine Transplantationen mehr und keine Tiere, die für diese Forschung (eure unsinnige Lebensverlängerung!) ihr Leben lassen müssen und für die dasselbe Dilemma gilt. Würdet ihr eure Wirtschaftssysteme auf eure weibliche Art hinterfragen, dann gäbe es auch keine Ausbeutung mehr und damit eine gerechtere Verteilung eures Geldes.

Wenn ihr euren Männern sagen würdet, dass ihr kaum noch Freude und Musik habt und nur noch kämpfen müsst und dass ihr sie so nicht mehr wollt, dann hättet ihr die Männer so auch nicht mehr. Denn letztendlich gehört ihr ja zusammen.
Also ihr seht: die Falle, dass ihr so schwach geworden seid, die bestand darin, dass ihr glaubtet, dass eure Anpassung an die Lehren der Männer euch Stärke bringen kann. So wurdet ihr natürlich mit Nachdruck erzogen, das wissen wir und das sagen wir hiermit auch ausdrücklich, damit ihr euch nicht ganz schuldig vorkommt. Aber das meine ich nicht, dass ihr schuldig seid, denn ihr – insbesondere ihr alten und weisen Seelen – habt insgesamt schon sehr viel durchgemacht und musstet für eure Werte auch oft sterben und diese Tode sitzen euch immer noch tief im Nacken und schüren eure Angst.
Aber ihr braucht nur wieder rückwärts zu gehen. Euch um einhundertundachtzig Grad zu drehen. Und dafür sind doch Menschen wie unsere Autorin da, um euch zu lehren, wie ihr es macht. Sie hat dafür immer und immer wieder viele Gedankensysteme in sich herumgerührt und festgehalten, wenn eine Idee gut aussah und sie hat schon längst im Privaten ihre Kurskorrekturen dafür vorgenommen, und auch, wenn sie das finanziell geschwächt hat, so durfte sie aber trotzdem immer weiterwachsen; als Heilpraktikerin, als Schamanin, als Seminarleiterin, als Autorin und Channel und als Verlegerin. Viele spirituelle Therapeutinnen und Therapeuten haben in ihren Therapiezentren und Seminaren bereits viel über ihre eigene Rolle in eurem soziologischen Gefüge – durch euch, eure Liebe, aber auch durch eure Ablehnung – gelernt. Sie konnten immer ein Up-date von euch machen, um zu sehen, inwieweit sie ihre Gedankensysteme schon verbessert hatten und inwieweit sie auch zu guten Lehrerinnen und auch Lehrern geworden sind – und damit auch die Legitimation haben Gehör bei euch zu finden.

Geht und lernt insbesondere von den weisen Frauen, die es bereits anders machen, und die es sich genau angesehen haben, wo die Stärke des männlichen Systems, aber wo auch seine Schwäche liegt. Diese Frauen verweigern sich deshalb nun auch noch vielen anderen Verhaltensmustern, und sie sind mittlerweile auch stark genug es auszuhalten, für ihr anderes Denken von euch ausgelacht und verachtet zu werden. Aber weil sie tief in sich selbst ihre Rolle als Neue-Zeit-Lehrerinnen verstanden haben, wissen sie auch, dass sie auch äußerlich anders sein müssen. Viele von ihnen hatten bereits ihren Aufstieg gemacht und sie sind nur deshalb wieder auf die Erde gekommen, um diese Rolle für die Neue Zeit leisten zu können und manche von ihnen sind auch wiedergekehrte Engel. Sie alle haben die Aufgabe Liebe, aber auch viel Wissen über die Welt zu euch zu bringen, weil sie dazu ja gebraucht werden.
Aber nun sprechen wir von den verletzten Männern, und besonders spreche ich dazu diejenigen männlichen Therapeuten an, die sich bereits auch mit diesen Problemen beschäftigt haben und die ich deswegen auch benannte:
Ihr Therapeuten: Heilt zuerst euch selbst und dann die Männer, die auch an dem von Männern gemachten System leiden. Heilt sie vor allen Dingen darin, die Frauen nicht mehr leiden zu können, weil die sich in ihren Augen mittlerweile auch so schlimm und hart verhalten wie die harten Männer unter euch. Seht euch an, dass ihr es wart, die das System heraufbeschworen haben. Lehrt sie wieder die Frauen zu lieben und sie sich neu anzusehen. Und vor allen Dingen, kommt dann nach einer gewissen Zeit der Heilung mit eurem Männerklientel zu den Frauentherapeutinnen mit ihrem Frauenklientel und heilt alle mitteinander; durch tanzen und lachen, mit Musik und Schönheit um euch herum. Wenn ihr das einige Zeit gemacht habt, dann könnt ihr zusammen auch die Welt heilen und bessere Lebensbedingungen erfinden, und das auch noch, was wir uns so wünschen, unter der Prämisse von höfischem Benehmen, weil am Hofe auch Tanz und Kunst eine Rolle spielte. Das ist es, was wir wollen! Wir wollen zwischen Männern

und Frauen wieder höfisches Benehmen haben und dass die Männer an den Frauen schätzen, dass diese durch ihre fraulichen Elemente ihren Liebreiz und ihre Anmut haben, die sie ja jeden Tag erfreuen könnten. Und wir wollen auch, dass ihr Männer erkennt, dass es nicht nur etwas Besonderes, sondern für euch alle lebenswichtig ist, dass viele Frauen noch durch ihre Fähigkeiten mit uns leichter in Verbindung zu treten, einen anderen intelligenten Ansatz haben, um Dinge zu erkennen und Kurskorrekturen vorzunehmen, wenn euch euer Forschungsdrang zu mutig werden lässt. Seht euch dafür auch ihre Gedankenbilder an und hört auf ihre Worte. Ja, hört ihnen endlich richtig zu, denn euch fehlt die Einsicht in das weibliche Erkennungsmuster von dem, was bei euch auf der Erde falsch läuft und wenn sie noch dabei sind, sich selbst zu finden in eurem soziologischen Männersystem, dann lacht sie nicht aus, sondern findet sie ganz liebreizend und schätzt sie dafür, dass sie sich so vieler Veränderungen annehmen wollen, die wirklich mehr als Not tun!

Wir haben dieses Buch ja auch nicht von ungefähr einer Frau diktiert, weil nämlich nur alle Elemente zusammen benutzt die wahre Klugheit bringen können. Ihr Frauen, ihr habt mittlerweile eure männlich strukturierten Schul-, Universitäts- und andere allgemeine Denkmuster in euch aufgenommen, nun geht daran und lernt von den spirituellen Frauen, wie sie die Welt mittlerweile sehen und lernt vor allen Dingen von den Frauen, die als Systemrebellinnen noch über diese Einsehensweise hinausgegangen sind und mit uns zusammen als die Professoren und Professorinnen des Himmels als kosmische Soziologen und Soziologinnen wirken wollen. Aber dafür müsst ihr erst einmal bereit sein, diese Attribute in ihnen zu erkennen und von ihnen auch lernen zu wollen.

Ihr Männer, genau so wie ihr bei euren Kindern durch das Fehlen von Zeit nicht in eure Liebe kommt und sie darum nicht richtig anseht, genauso seht ihr eure Frauen nicht mehr richtig an durch euren Mangel an Zeit, der nicht nur durch euren Beruf und das ständige hantieren mit Technik gegeben ist, sondern auch darum, weil ihr gar nicht mehr abschalten könnt. Ihr könnt nur die Welt heilen, wenn ihr wisst, wozu die Frauen geboren wurden und wenn ihr sie auch nach ihren Vorgaben (ihren Elementen) leben lasst und wenn ihr den Frauen ein anderes Feingefühl entgegenbringt als den Männern. Heute aber hat man das Gefühl

– und es ist mein richtiges Gefühl! –,

dass ihr Männer euch in euren Männerbünden untereinander mehr liebt als eure Frauen und dass es nur eure gesellschaftlichen Vorgaben sind, dass ihr euch noch eine Familie schafft – um im Beruf z.B. als Vater anerkannt zu sein oder weil eure Eltern das so wollten oder weil man das eben so macht und ihr zu schwach seid, euch gegen die allgemeinen Konventionen der Familienpolitik zu wehren.

Wenn ich von all dem gesprochen habe, dann impliziert das natürlich auch, dass ihr eure Scheidungen einfach haben müsst, denn so viel Missverstehen und Gleichgültigkeit untereinander, so viel Verzerrtes in eurem täglichen Bewegungsrahmen, kann nur zu einer Bruchlandung führen. Und wenn ihr dann eine neue Ehe versucht, dann habt ihr dieselben Rahmenbedingungen auszuhalten, weil ihr sie ja nie verändert habt. Aber selbst wenn ihr dann fähig geworden seid, kleine Kurskorrekturen vorzunehmen, wird euch das letzten Endes nicht viel helfen. Euch hilft nur in Gruppen zu bearbeiten, wozu ihr von der Schöpfung abgestellt worden seid.

Unserer Mitautorin gefiel es zu Anfang dieses Buches nicht, zu sehen, dass die Männer durch ihr großes Schöpfertum wie Gott sein wollen und dass auch die Gotte im Himmel männlich sind. Aber sie hatte das schon lange in sich herumgerührt, bevor ich ihr für dieses Buch meine Durchsagen gab, wenn sie wieder einmal darüber nachdachte, warum es nicht die Frauen waren, die Computer oder Flugzeuge erfunden haben. Aber das ist nicht die Schwäche der Frauen! Es ist die Stärke der Männer! Die Stärke von euch Frauen ist die Liebe und das Spiel mit der Zeit (sie durch eure Ruhe zu strecken!) und die Anmut und den Liebreiz im Spiel Gottes weiterzutragen und Kinder zu bekommen und für eure Kinder gute Mütter zu sein! Und das Frauen auch einen Männergeist haben können, dass habt ihr ja genug bewiesen, das müsst ihr nicht mehr beweisen!

So nun haben wir genug darüber gesagt und wir wollen weitergehen und erzählen, wie ihr die Engel unter euch erkennt; mit ihrem Liebreiz, ihrer Anmut, denn in ihnen müssen ja alle die Elemente verstärkt vorhanden sein, die Liebe geben. Aber auch da gibt es Unterschiede und da gibt es auch Unterschiede zwischen einem weiblichen und einem männlichen Engel. Dieses Kapitel ist wichtig, damit ihr nicht mehr alle Menschen in einen Topf presst und die wirklichen Unterschiede zu euch seht und auch endlich wieder erkennt, wozu jemand auf die Erde gekommen ist und kommen musste, und was der Stand der Einzelnen bei uns im Himmel war, und dass ihr sie vor allen Dingen auch nicht mehr auslacht, sondern schätzt, denn sie sind bereits einen langen Weg, eine lange Strecke der Erkenntnis, vor euch und für euch gegangen. Seid also nie neidisch! Freut euch, dass es auch diese Kurskorrekturmöglichkeit für euch noch gibt!

Die Anerkennung der weiblichen Anmut ist bei euch abhanden gekommen, weil ihr Frauen es nicht mehr wagt, euch dem harten und zeitbeschleunigten männlichen System entgegenzustellen. Aber es ist gar nicht so schwer eine Umkehr einzuleiten. Eure Kraft liegt in der Verweigerung der Dinge, die in euch nicht gegeben sind und die euch auf die Dauer nur krank machen können. In der Verweigerung der Frauen, sich das männliche System überstülpen zu lassen und in der Verweigerung der Männer, sich in Männerbünden stark fühlen zu wollen und Frauen deswegen nicht mehr zu schätzen, liegt auch das Geheimnis eurer Umweltrettung. Dazu ist nun alles gesagt und ich will nun auf das Liebliche, das Reizwolle in den Frauen kommen und dann zu uns Engeln übergehen und von unseren Hierarchien erzählen, unserem Wirken-Müssen und unserer Beladung, ausgelöst durch eure falschen Lebenseinstellungen und -maßnahmen.

Bis hier haben wir es geschafft ein tolles Buch zu bewirken. Ihr habt ein bisschen mehr von eurer Herkunft gelernt und nun auch gelernt, dass es bereits eine erste Erde gab, und dass es, um so eine große Schöpfung im Raume des Kosmos zu betreiben, viele Gotte geben muss, aber auch immer einen Superdesigner, der über alles die Oberaufsicht hat.

Uns ist es egal, wen ihr als Gott bezeichnet, ob ihr nur einen benennt, wie in euren monotheistischen Religionen oder ob es die einzelnen Gotte für die Tiere, die Pflanzen, die Steine und Kristalle sind, die ihr – wie die Naturreligionen – benennt und wertschätzt, denn alles das ist richtig. Immer wissen wir aber, dass ihr Schuldgefühle hättet, nicht an Gott zu glauben, weil es – da es ihn und die Gotte ja gibt – tief in euch verankert ist, glauben zu müs-

sen. Dieser Glaube musste aus eurer eigenen Erschaffung entstehen.
So weit so gut. Nun kommen wir zu uns Engeln:

Gottes Plan war es, die Welt mit vielen Möglichkeiten der Schöpfung zu füllen und darum kam es auch zu eurer Urzeit – als ihr also noch gar nicht da wart – zu diesem Rausch und Irrwitz an Erschaffen-Müssen und einer großen Beladung des Kosmos, so dass heute nur noch eine 1:1 Schöpfung möglich ist; etwas also erst zu sterben hat, um dann etwas Neues entstehen lassen zu können. Denkt also immer daran: Wenn ihr seht, dass ein Stern stirbt, erst dann darf ein neuer geboren werden. Nicht aus sich heraus, sondern aus der Schöpfungsabsicht der Gotte heraus und damit auch immer aus der Absicht des allmächtigen Superdesigners. Um das Sterben eines Sterns zu veranlassen, brauchte es zuerst einen Todesgott und danach, als immer mehr Kreiertes auch seinem Tod überlassen werden musste, vieler Todesgotte. So haben die unterschiedlichsten Schöpfungslinien ihre eigenen Gotte bekommen.
Nun war es aber so gestellt, dass auch die Schöpfung sich bei euch aus sich selbst erneuern konnte und eine dafür geeignete Intelligenz entwickelt hatte. Unter dem Austausch von Materie kam es deshalb nun auch zu vielen Schöpfungsarten und Veränderungen; weitere gute Evolutionsmöglichkeiten, aber auch Mutationen, bildeten sich heraus. Gutes und Schlechtes!

Und nun kommen wir Engel ins Spiel. Es reichte nicht viele Gotte zu haben, um die Schöpfung immer reicher zu machen und die Todesgotte, um etwas sterben zu lassen, sondern, weil die Bereiche auch aus sich selbst zu schöpfen begannen und damit auch zu einer Vielfalt und Vielfältigkeit und ihrer eigenen Evolution beitragen konnten, mussten sie natürlich auch irgendwie in Schach gehalten werden. Und dafür wurden wir Engel kreiert. Wir wurden aus dem Schoße Gottes geboren, um Kontrolle einrichten zu können. Und dafür sind wir auch bei euch da. Wir sollen euch kontrollieren, um euch auf eurem Evolutionsweg zu begleiten, damit in eurer eigenen Schöpfungsmöglichkeit nichts falsch läuft. Wir sind also die Korrekturgotte unter den Gotten, versteht ihr? Als kleine Gotte sind wir dafür ausgestattet worden, mit euch in Verbindung sein zu können und uns mit allem in Verbindung setzen zu können, mit dem wir uns in Verbindung setzen wollen. Und dafür sind auch die Menschen auf der Erde da, die aus unseren Ebenen geboren wurden, und die sich auf das Spiel eingelassen haben, euch noch näher zu kommen, indem auch sie sich für einige oder viele Leben das menschliche Kleid angezogen haben; was heißt, dass ihr seelischer Ur-Print als Engel sich dafür in einem menschlichen Körper ergießen musste. So weit so gut. Ihr wisst aber noch immer nicht, wie es sich dann bestallen konnte, dass wir und die inkarnierten Engel von euch so viel wissen. Ich sprach ja schon von den Dimensionsflächen, die wir Engel bereisen können (wie die Abbildung von Seite 132 bereits aufzeigte), und diese Fähigkeit haben auch diejenigen, die eingekörperte Engel auf der Erde sind, nie verloren. Auch sie können in euch auf eine besondere Weise hineinschauen, die ihr normalen Erdenbürger nicht nachvollziehen könnt; erst später in euren höheren Seelenaltern geschieht es, dass sich durch eure vergangenen Erderfahrungen auch bei euch Möglichkeiten und Fähigkeiten dafür entwickeln.

Das menschliche Kleid, das sich die Engel angezogen haben, hat immer ein bestimmtes Leuchten. Denn auch, wenn Engel sich einen menschlichen Körper für eine Inkarnation ausgesucht haben, so leuchtet ihr Engelsein trotzdem immer aus ihnen heraus. Das heißt, diese Menschen sind nicht nur schön anzusehen und geben euch ein Beispiel an Moral und Liebe, und sie sind von einer besonderen Ausstrahlung für euch, sondern es bedeutet für sie, dass sie deswegen auch schnell als eure Feinde betrachtet werden können, weil ihr sie dafür beneidet, nicht genau so sein zu können wie sie.

Wir Engel sind eigentlich arglos. Wir müssen das sein, um immer wieder an das Gute zu glauben. Aber ich sagte auch „eigentlich“, weil sich das mittlerweile auch geändert hat, weil wir ja mit euch bereits viele Erderfahrungen durchlaufen haben; so wie ein Kind nach vielen irdischen Inkarnationen auch nicht mehr arglos ist, wenn es viele Erfahrungen der Vergangenheit im Inprint seiner Seele gespeichert hat und weiß, wozu Menschen so alles fähig sind. Und so hat es sich nun in eurer Evolution ergeben, dass ihr die Engel nicht nur im Himmel, sondern auch auf der Erde nicht mehr so richtig erkennen könnt, weil sie sich zu ihrem eigenen Schutz ein raueres stoffliches Kleid zulegen mussten. Das ist sozusagen eine reine Vorsichtsmaßnahme. Ihr erkennt daran: Es ist nicht die Schuld der Engel, nicht mehr so süß sein zu können wie in unseren Dimensionen, sondern es ist eure Schuld, das Schöne und Liebevolle und auch das Liebreizende und Anmutige zur Anpassung zu zwingen und damit in seinem Ausdruck nicht mehr vollständig sein zu dürfen. Ihr seht, was ihr mit euren Maßnahmen, immer härter geworden zu sein, gemacht habt? Ihr habt nicht nur den Frauen ein raueres Sein aufgezwungen, sondern ihr habt auch die Engel, die bei euch inkarnierten und noch immer inkarnieren müssen, um für uns Erderfahrungen zu sammeln, dazu gezwungen, das Kleid zu wechseln. Ihr habt sie dermaßen in die Anpassung getrieben, dass sie nun eine große Schwierigkeit damit haben, nach ihren Erdenleben in unseren Ebenen wieder ihr schöneres äußeres altes Kleid anzunehmen. Um das zu können, müssen wir sie immer erst einmal reinwaschen. Wir nehmen hier nicht nur euch Erdgeborene auf, um eine Waschung von den Problemstellungen der Erde vorzunehmen, sondern wir müssen das mittlerweile auch mit unseren Brüdern und Schwestern machen, die, wenn sie zu uns nach Hause kommen, manchmal sogar schon fast vergessen haben, wo sie beheimatet sind – und dass sie immer Engel waren oder auch einmal zu Engeln geworden sind.
In den anderen Büchern unserer Autorin sprachen wir darüber, dass auch wir Engel, die wir nie auf der Erde waren, von euch

unsere schützende Hand genommen hatten, und dass wir auch wütend auf euch waren, wenn ihr wieder einmal einen Kulturuntergang durch eure Kriegsspiele ausgelöst hattet. Das ist eigentlich überhaupt nicht unsere Art, weil wir immer wieder lieben müssen. Aber wenn ihr euch immer wieder unserer Hilfe versagt habt, und uns auch nicht mehr als das gesehen habt, für was wir von den Gotten abgestellt wurden, konnten auch wir nicht anders, als mit unseren Schultern zu zucken. Damit war es natürlich auch gegeben, dass wir mittlerweile auch in unserem Inprint Gefühle wie Wut und Ohnmacht tragen. Nur haben wir dann auch dafür wieder Korrekturmaßnahmen erfinden können – denn für die Korrekturen sind wir ja da. Und seht ihr nun, wie ähnlich Frauen und Engel sich sind? Auch sie sind nicht nur weicher als die Männer durch ihre weiblichen Elemente Wasser und Erde, sondern sie sind auch die Korrekturmaßnahme für zu viel Feuer und Luft. Ich will damit hier nicht nur andeuten, sondern euch heftigst ausdrücken, dass Frauen und Engel eine Gemeinschaft darin haben, indem wir da Korrekturen machen müssen, wo alles aus dem Ruder läuft; dass das unsere göttlich gestellte Aufgabe ist. Damit haben wir eine große Ähnlichkeit.
Und nun komme ich zu den männlichen Engeln und dann zu den Hierachien von uns Engeln und danach zu meinen Christusebenen, wie es sich damit verhält, und ich erzähle euch auch noch ein wenig von den Aufgestiegenen MeisterInnen, was ihre Rolle im göttlichen Spiel ist.
Vorher wollen wir aber auch einmal äußern, dass nicht alles bei euch immerzu verkehrt gelaufen ist. So hat es auch bei euch immer Maßnahmen gegeben, mit denen ihr Neues und manchmal sogar Besseres erschaffen habt. Das musstet ihr auf der Erde z.B. mit euren Sanitärmaßnahmen machen. Je mehr Menschen ihr wurdet, desto mehr Ausscheidungsmaterial gab es von euch, das nicht richtig entsorgt, zu Krankheiten hätte führen können. Und ihr seht: mit euren Badezimmern und Toiletten habt ihr da schon eine wundervolle Ordnung hineingebracht. Und so wollen wir,

dass ihr euch auch andere Maßnahmen erdenkt, die wieder eine Ordnung herstellen. Aber wie eure Toilettenabfälle irgendwann nicht mehr richtig entsorgt werden können, weil ihr bereits zu viele Menschen geworden seid, genau so ist es mit den anderen Dingen auf der Erde, die entsorgt werden müssen. Das Problem zeigt sich ja bereits an den Abfällen eurer Kernkraftwerke!

Doch nun wieder zu uns Engeln. Erst zu denen, die ihr manchmal auch in einem androgynen Kleide seht.
Und damit komme ich auf etwas sehr Wichtiges bei euch auf der Erde zu sprechen, nämlich, dass es diese Engel bei euch z.Zt. wieder mehr gibt. Ihr könnt sie gut erkennen, denn sie kleiden sich auch so bei euch, um sich ihren Sinn zu erfüllen und sich nicht biegen zu lassen. Insbesondere sind sie künstlerisch und darum seht hin, denn die künstlerisch angehauchten Menschen unter euch mit einem androgynen Seinsverständnis können solche Engel sein. Seht sie euch genau an. Das ist kein Zufall! Sie gehören neu in eure Evolutionsentwicklung! Das ist ein kosmisches Spiel um das Androgyne mehr und mehr auf eure Erde zu bringen. Und ihr versteht warum? Weil androgyne Engel alle Elemente in sich ausgeglichen haben und nie Kriege machen würden. Das ist wieder ein neues kosmisches Evolutionsspiel. Erfunden von uns Engeln und natürlich auch immer im Verbunde und Abgleich mit den Gotten. Es ist auch kein Zufall, dass sie mit so einer Vehemenz auch bei euch ihrem androgynen Engelskleid Ausdruck geben; sie sich also gerne weiblich kleiden und auch gerne schminken. Ihr sollt ja lernen und euch immer weiterentwickeln. Und wie ihr ja wisst, lernen Männer von androgynen Männern, eben weil sie trotzdem Männer sind, immer noch mehr und lieber als von Frauen.* Und dieser von uns vorgenommene Schöpfungsakt sollte euren Übergang – das Weibliche wieder anzunehmen und von Frauen zu

** Ist es nicht traurig, dass man androgyne Männer auf die Erde schicken muss, damit die Männer uns Frauen verstehen?*

lernen – deutlich unterstützen helfen. Ist es nicht wahnsinnig, was wir uns da ausgedacht haben? Durch Männer, in denen alle Elemente ausgeglichen sind, führen wir euch Männern insbesondere einen Spiegel eurer zu hart gewordenen Männlichkeit vor! Und mit dieser Erklärung über androgyne Engel ist ja bereits impliziert, dass sich die Elemente in männlichen Engeln etwas anders, nämlich männlicher, ausnehmen müssen – so wie ich hier im Himmel auch von einer durch und durch männlichen Struktur bin. Meine Weisheit und mein Engelsein zusammen machen es, dass es zu keinem Fall meinerseits in das Böse kommen kann. Die männlichen Engel aber, die bei euch auf der Erde inkarnieren, sie sind schon schneller mal einer Verschiebung ihres Seelenwissens ausgesetzt, und trotzdem bleiben auch sie immer Engel.

Nun kommen wir zu den Aufgestiegenen MeisterInnen.
Bei ihnen ist es so, dass sie eigentlich Erdenbürger sind, die sich hoch gearbeitet haben, um in unseren Stuben eine besondere Position einnehmen zu können. Sie haben sich dafür nicht nur auf der Erde, sondern auch noch bei ihren Seelenfamilienverbänden im Kosmos hochgedient. Da sie noch mehr als wir Engel, die wir oft nur von Zeit zu Zeit bei euch inkarnieren – und manche auch gar nicht – einen besonderen Überblick über die Kulturgeschichte eurer Erde haben, nehmen sie bei uns eine besondere Rolle darin ein, dass sie dieses Wissen auch bei uns immer wieder einstreuen und dafür auch ihre Maßnahmen haben. Sie schaffen sich auch im Himmel einen Raum, der erdähnlich ist. Viele von ihnen waren in ihren letzten Leben im Adel geboren worden und konnten sich dort in bestimmten politischen Rollen üben. Das musste so sein, damit sie ihrer großen Seelenreife einen Ausdruck geben konnten. So wie auch du in deinen letzten Leben oft und gerne im Adel gelebt hast, so haben sich die Aufgestiegenen MeisterInnen auch auf unseren Himmelsebenen (im feinstofflich/ätherischen Bereich) wieder so eine Lebensmöglichkeit, ein spirituelles Dimensionsreich, in einem wunderbaren irdischen Kleid, ausgedacht. Da fin-

det ihr Stuben wie in Versailles oder auch Stuben wie in Burma in „der goldenen Stadt der Könige“ (die du ja auf beiden Ebenen kennst) und auch andere edle Plätze. Diese Seelen schaffen sich diese Plätze, um ihrem auf der Erde gewachsenen spirituellen Sein auch im Himmel einen Ausdruck geben zu können. Dadurch, dass man sich diesen Bewusstseinsraum in der Nähe zu uns Engeln ausgedacht hat, um von uns noch weiter unterrichtet werden zu können, kann man auch noch leichter das Spiel herunterbringen, welches heißt: die Erde besser zu machen.
Darin liegt eine große Kraft und eine große Wertschätzung von uns, dass es ehemalige Menschen gibt, die immer Menschen waren, die sich aber nun zu uns so weit hoch gearbeitet haben, dass sie also auch irgendwann Aufgestiegene oder Engel werden dürfen, aber trotzdem auch mit ihren Erderfahrungen immer auch ehemalige Menschen bleiben, die deshalb mit der Stofflichkeit eurer Erde besonders gut umgehen können. Sie sind dadurch auch ganz besonders gute Weltenwanderer! Ihr beschäftigt euch ja bereits sehr mit ihnen – wie mit St. Germain und Lady Nada z.B. – und dass liegt daran, dass sie zu euch oft noch eine größere Nähe aufbauen können als wir; in euren Träumen, aber auch dadurch, dass sie sich bei euch in wichtigen Krisen- und Entwicklungssituationen verstofflichen und damit auch auf stoffliche Weise helfen können. Und das tun sie auch immer wieder für diejenigen Engel von uns, die sich bei euch im menschlichen Kleide befinden; die ohne ihre Hilfe ihr Leben auch oft nicht überstehen würden.

Aber wir „Engel“, wir bleiben immer „die Engel“.
Und nun komme ich darauf zu sprechen, wie ihr eure inkarnierten Engel erkennt. Sie sind sanftmütig und immer *„ein bisschen nicht von dieser Welt“*. Sie sind sich ihrer Fremdheit bei euch auch bewusst und sie schaffen sich immer ein lichtes Feld, in dem sie leben können. Sie mögen nicht gerne hart arbeiten – und das ist keine Faulheit, sondern ihr äußeres Kleid ist ihr inneres Kleid –

und sie wollen, dass es auch andere nicht müssen. Das ist schwer für sie zu leben, weil eure Erdbedingungen, vor allen Dingen die Bedingungen, die ihr mittlerweile durch eure Überbevölkerung geschaffen habt, dagegen stehen. Und noch eine sehr große Falle ist für sie gegeben, und die ist, dass sie sich durch eure unspirituelle Erziehung – eine Erziehung ohne Rückbindung an uns – ihrer Herkunft und ihrer irdischen Aufgabe mit der Zeit immer weniger oder auch gar nicht mehr bewusst sind. Weil sie ätherische Wesen sind, müssen sie sich auch vor euch schützen und oft müssen auch wir den Schleier zu ihnen wieder ein wenig mehr zumachen, wenn sie noch nicht so viel Erderfahrungen mit ihrem Engelsein haben. Wir müssen den Schleier für sie dichter machen, weil viele von ihnen verzweifeln und Selbstmord begehen würden, insbesondere als Jugendliche (was einige dennoch tun), weil eure Strukturen zu hart für sie sind. Und dadurch vergessen sie leicht ihren eigenen Inkarnationszweck, oder sie verlieren sich in einer Partnerschaft, in der sie geborgen sind oder sich geborgen glauben. Denn Engel möchten es immer schön haben, weil Liebe Schönheit ist und sie als feinfühligere, liebreizende Seelen auch nicht immer so tapfer sind, wie die erdgebundenen Seelen oder ihre Brüder und Schwestern, die schon so oft auf der Erde waren, dass sich ihr inneres und äußeres Kleid euren Bedingungen anpassen konnte und sie damit auch kämpferischer – und vor allen Dingen kämpferischer für andere – sein können.
Doch alle haben Humor und einen Sinn fürs Ästethische und für Sanftmut. Sie sind gerne künstlerisch tätig und entwickeln gerne Schönheit – als Designer z.B. – und sie helfen gerne da, wo sie Verzweiflung, Krankheit und Armut sehen, und sie sind gerne dafür fleissig, aber nicht im Sinne von „zu hart arbeiten“, wie ich ja bereits sagte. Auch die Aufgestiegenen MeisterInnen entwickeln diese Attribute, aber sie verstehen immer ein wenig mehr wie sie mit allem Schweren fertig werden können – und sie sind vor allen Dingen überhaupt nicht mehr blauäugig (ein Engel aber fällt – und das liegt tief in der Engelsart verborgen – schnell wie-

der in seine Blauäugigkeit zurück und das gilt auch für diejenigen Engel, die auch einmal Menschen gewesen waren).
Wir Engel hier, wir brauchen die Aufgestiegenen MeisterInnen genau so dringend wie unsere eigenen zurückgekommenen Brüder und Schwestern und die Aufgestiegenen Engel, da wir durch ihr erworbenes Erdwissen noch mehr Kenntnisnahme über eure seelischen Zustände haben dürfen.

Ihr habt zur Zeit sehr viele junge Engelseelen auf eurer Erde, damit sie lernen, wie ihr so tickt und um sie in die nächsten Inkarnationen in der gerade mal begonnenen Neuen Zeit – in der ihr euch ja erst in der Morgenröte befindet – einzuweisen. Auch das ist wieder ein wichtiges kosmisches Spiel, damit wir mit ihnen hier oben beraten können, was mit euch in der Zukunft zu tun sei und damit wir noch mehr Engel mit irdischen Erfahrungen haben. Aber ihre Stellung ist noch keine güldene wie wir es so nennen. Die güldene Stellung haben wir hier oben nur in der Christusebene inne. Und darum erzähle ich euch nun ein wenig über meine Ebene und wie ich die stolze Leitung mit meiner Lisa, mit meiner Elisabeth, der Oberhirtin, der Superkönigin aller Himmelsköniginnen, inne haben konnte:

Es war von den Gotten so gegeben – das sagte ich ja schon – dass sie Mitarbeiter benötigten, weil sie nicht mehr alles alleine machen konnten. Sie konnten nicht kreieren und gleichzeitig alles unter Kontrolle halten. Sie lehrten uns darin, heilig und immer fleissig zu sein und nur so konnten wir mit der Zeit zu großen Engeln werden. Zum Einen durch die Nähe zu Gott, die wir besser aushalten können als ihr und zum Anderen dadurch, dass wir uns von Aufgabe zu Aufgabe in unserer Stellung hochhangeln konnten.
Einige machten das mehr und andere weniger. Aber irgendwann wurden auch wir alte weise Seelen, und diejenigen, die das wurden, die schafften sich ein Gebiet, quasi einem Schulungsort und

einer Stellung euren Universitäten und ProfessorInnen gleich (nur schöner und weiser). Ich und meine Elisabeth, wir haben uns hier in der Christusebene also eine einmalige Stellung damit erschaffen können. Wir arbeiten nicht nur für die Gotte, sondern wir sind für die Gotte die wichtigsten Berater.
Lisa muss es im Himmel genau so geben wie mich. Sie wurde dazu geboren, um auch uns Engelmänner – der ich ja einer bin – herunterzuholen, wenn wir mal zu sehr in unserer Macht sind. Ihr seht, diese Korrektur gibt es auch bei uns. Um von ihr zu erzählen, oder sie auch selbst erzählen zu lassen, bedürfte es wieder fast eines erneuten Buches. Darum wollen wir es hier erst einmal mit dieser Aussage bewenden lassen.
So wie wir immer von unseren Ebenen zu Gott gehen können und manche von uns Engeln zu euch zum Inkarnieren gehen können oder auch nur für eine kurze Zeit bei euch auftreten können, genau so können die Aufgestiegenen MeisterInnen zu uns kommen und uns zuarbeiten. Sie sind noch etwas weiter weg von Gott. Aber sie arbeiten durch uns für Gott.
Weil aus unseren Ebenen immer wieder Engel nach unten geschickt werden, und manche von ihnen auch für einen Aufstieg, eurem Aufstieg gleich, auf die Erde kamen, in dem auch sie die langen sieben Seelenalterszyklen, wie im Buch MORGENSTERN beschrieben, durchwandern mussten, haben wir nun auch Engel im Himmel, die mehr zu Menschen geworden sind. Diese Engel sind sehr wichtig für uns, denn sie haben wahrhaftig immer sehr viel Mut bewiesen. Viele von ihnen haben nun, wie ich das ja schon bemerkte, durch eure Umstände wieder vergessen müssen, dass sie Engel sind, und ihr Kleid ist darum auch nicht mehr so feingeistig ätherisch bei euch anzusehen, wie das Kleid derjenigen Engel, die nur ab und zu auf die Erde kommen und hoffen, dass ihre Arbeit damit an euch abgegolten ist. Denn das ist nicht immer einfach für sie. Aber ihr seht:
Für und an der Arbeit Gottes müssen wir alle immer wieder Opfer bringen, oft sogar große Opfer, denn es waren vornehmlich die

EngelInnen, die bei euch während der Inquisition hingerichtet wurden, die durch ihr feinstoffliches Sein die Wut in den Klerikermännern noch mehr anstachelten (davon unterscheidet ihr euch auch heute noch nicht, denn es sind immer noch die EngelInnen die eurem Neid ausgesetzt sind, aber das sagte ich ja bereits!).
Auch aus unseren Christusebenen kommen immer wieder verschiedene Meister und Engel zu euch, um euch zu schützen und darauf hinzuweisen, dass ihr euch in der Morgenröte zu einer Neuen Zeit befindet und dass in der Farbskala dieser Morgenröte bereits alles das enthalten ist, was ihr für den Anbruch und Aufbruch des nächsten Tages benötigen werdet – wie es sich auch mit dem Inhalt zu diesem Buch z.B. verhält. Alles das passiert jetzt gerade in der für euch angebrochenen Neuen Zeit. Der/die eine erkennt es mehr als der/die andere.
Ihr, die ihr euch nun am Aufstieg befindet – egal, ob ihr Menschen oder ehemalige Engel seid, oder auch bereits Aufgestiegene Meister oder Aufgestiegene Engel wurdet und erneut einen Abstieg gewagt habt, um den Menschen hilfreich beiseite stehen zu können oder ob ihr die Menschen nur mal für kurze Zeit besucht, um sie an euch zu erinnern – ihr geht immer ein besonderes Wagnis ein und darauf sind wir stolz. Als Lichtarbeiter wirken wir alle, um euch einzuweisen in diese Neue Zeit, die ja wieder „nur" eine von vielen Neuen Zeiten in der Kulturgeschichte der Erde durch euch Menschen ist. Nur darum könnt ihr mittlerweile Bücher über uns EngelInnen, aber auch über die Aufgestiegen MeisterInnen schreiben und ihnen sogar Namen geben und ihnen damit ausdrücken, dass auch ihr sie liebt und schätzt und genauso für sie da sein wollt, wie sie für euch.
Ja, ihr braucht sie dringend, dringender als je; genau so dringend, wie ihr wieder einen Heiland braucht und das ist das Thema im letzten Kapitel, das wir für euch ausarbeiten wollen.

Der nächste Heiland wird wiedergeboren. Aber dazu erst später in diesem Kapitel mehr.

Es war schon oft so gedacht, dass es immer ein paar „outstanding people“ unserer Ebenen auf eurer Erde bedurfte, damit sich euer Sein zu einem besseren verändern konnte. Es war ja nicht so, dass alle Engel und Aufgestiegene die Fähigkeit hatten, ein so großes Rebellentum zu entwickeln, dass ihr sie einfach hören musstet. Durch eure Kulturen – auch schon auf der ersten Erde –, war es immer so gegeben, dass wir wieder einen Heiland mit einem besonders starken männlichen Ausdruck brauchten, um euch Sicherheiten für die Neue Zeit zu schaffen. In allen euren alten Kulturen wird davon gesprochen, und ihre Namen waren mal Seth* und auch mal Kümeran**, Horus*** und auch Jesus.

** Damit ist wohl der dritte Sohn Adams und Evas gemeint, nach dem sich eine religiöse Gruppe, die Sethianer, benannten, und die sich als einen Bund von Auserwählten betrachteten (Seth als Personifizierung der Christusenergie). Auch sprechen manche von Jesus Christus als eine Wiedergeburt von Seth. (Nicht zu verwechseln mit dem ägyptischen Gott Seth).*

** * Ich habe diesen Namen in den verschiedensten Schreibvariationen gegoogelt, konnte ihn aber leider nicht entdecken, er ist wohl in der Zeitgeschichte der Erde verweht. Sollte jemand mehr wissen, dann würde ich mich freuen, davon zu hören. Klingt türkisch.*

**** Horus ist ein Hauptgott – ein Weltgott – in der frühen ägyptischen Mythologie; von Osiris gezeugt und Isis geboren.*
Bei allen kann man wohl von Fragmentpersönlichkeiten aus der Christusenergie sprechen, die eine besonders starke Energie mitbrachten, um damit Menschenmassen mobilisieren zu können. Dass es sich immer um Männer handelte, liegt – nach Christopherus Aussage – an ihrer besonderen Ausdrucksstärke; gegeben durch die männlichen Elemente Feuer und Luft.

Ihr habt insbesondere bei eurem letzten Heiland nicht mehr viel verstanden und darum kam es, dass ihr euch erst, nachdem er gestorben war, darum Gedanken machtet, dass ihr ihn nicht genug geschätzt habt (das erkennt ihr ja immer erst später!). Aber das war auch in den Zeiten davor schon so gewesen. Auch da schätztet ihr die Heilande nicht und habt sie erst sehr viel später erkannt, wenn wieder einer bei euch gewesen war. Zu oft habt ihr das erst sehr viele Generationen später erkannt und dann eure falschen Geschichten darüber gesponnen – vor allen Dingen aus Unkenntnis über unsere Christusebenen.

Und die Geschichte, die falsche Geschichte eures letzten Jesus der Bibel, die nehmen wir uns jetzt vor:

Jesus ist nicht am Kreuz gestorben – sondern ihr habt uns mit eurem Nichtwissen über unsere Christusebene quasi am Kreuz sterben lassen. Die Zwölf Jünger sind nur eine Parabel dafür, wo wir in unseren Ebenen angesiedelt sind und welche Arbeiten wir zu bewerkstelligen haben und dass dafür viele Engel und Meister wichtig und von den Gotten abgestellt sind. Die zwölf Jünger stehen für unsere Ebene, die ihr durch die Codierungszahl Zwölf erreichen könnt, und mit ihrem einzelnen Wirken, den verschiedensten Archetypen gerecht, stehen sie für unsere abgestellten Aufgaben. Nicht mehr und auch nicht weniger war damit gemeint! Doch ihr habt eure Kindergeschichten daraus gemacht. Unsere Autorin weiß als ausgebildete Schamanin, die sich in der Rückbindung zu uns auskennt, dass es immer besonderer Codierungen bedarf, quasi bestimmter Telefonnummern zu uns bedarf, um zu uns kommen zu können. Diese Codierungen gibt es für alles auf eurer Welt. Wollt ihr in die Seele eines Tieres einsteigen oder in die Seele einer Pflanze oder eines Kristalls, dann könnt ihr mit ihrer spezifischen Codiernummer zu ihnen kommen (das ist die heilige Mathematik des Kosmos). Unsere Autorin hat die Codierung, um ihre Erzengelin und Freundin LILA und den Erzengel

Michael zu erreichen, nie verraten. Und auch in früheren Zeiten gab es immer wieder Menschen bei euch, die auch davon wussten, dass es diese Zahl gibt und wie man sie benutzen kann. Eine bei euch immer noch bekannte Mystikerin (Anmerk.: Hildegard von Bingen), hat in einem ihrer Werke diese Zahl freigegeben und sie damit sogar der Nachwelt freigiebig zur Verfügung gestellt. Aber auch dieses freiwillig, und von ihr in der Hoffnung weitergegebene Wissen, dass ihr es eines Tages anwendet, wurde von euch nicht angenommen und auch noch nicht einmal mehr erkannt, weil ihr euch dafür erst in der Rückbindung üben und erkennen müsstet, dass es so etwas gibt, wie eine Telefonnummer, um uns zu erreichen.
Mit diesem Kapitel, wollen wir euch noch mehr Wissen überbringen und euch aufzeigen, dass zum Schluss nur die Erkenntnis übrig bleiben kann, dass es Jesus, der aus unseren Christuseben entstammt, darum ging, euch darin zu lehren, dass mit der Zahl Zwölf eine Rückbindung zu uns möglich ist. Doch ihr habt das damals nicht verstanden, und weil eure Kirchen und Pharisäer sich nicht in der Rückbindung üben wollten, sich nicht eingeben wollten und lieber nur eine mentale ausgerichtete Religion predigen wollten (ihr wisst ja, Männer geben sich nicht gerne in die Schöpfung ein, sie bevorzugen lieber das mentale Spiel, das Spiel ihrer Kopfgeburten, wenn es um kosmische Weisheiten geht!), ist die Zwölf bei euch in der Form von Geschichten von Jüngern erschienen und ausgelegt worden.

Jesus hatte keine Jünger. Im Gegenteil. Er stand ziemlich allein da. So wie alle diejenigen bei euch ziemlich allein dastehen, die anders denken und anders wirken müssen, weil es ihr Auftrag von uns ist und die damit auch ein besonderes ätherisches Feld mit einem besonderen Leuchten aufweisen. Und genau so wie Jesus damals, werden sie auch bei euch heute mundtot gemacht. Ihr nennt sie heute zwar Lichtarbeiter, aber ihr wisst von ihrer Aufgabe als kleine Jesusse nichts oder nicht viel.

Das Turiner Grabtuch erzählt von Jesus aus Nazareth, der kein Freund der Priester wurde; der sich natürlich in seinem Wissen von seiner Herkunft immer abgrenzen musste, weil er nicht gehört werden und damit verstanden werden konnte, weil die Menschen die Fähigkeit zur Rückbindung zu uns verloren hatten und damit auch nichts mehr von der Magie der Zahl Zwölf wussten. Und so wurde ihre Geschichte daraus, dass es zwölf Jünger gab, von denen einer – Judas – Jesus veriet.

Jesus wurde von ganzen Menschenmassen verraten und das Kreuz, das eigentlich – wie bereits beschrieben – ein Symbol für das Leben ist, ist bei euch damit zu einem Symbol für den Schmerz von Jesus geworden. Jesus war ein Wanderprediger. Ein Wanderer an vielen Orten und in vielen Ländern. Er hatte die Fähigkeit an vielen Orten gleichzeitig zu sein, und er schaffte es auch, dass die Leute zu ihm strömten, aber er schaffte es nicht, die Pharisäer aufzuhalten, die ihm die Leute wieder wegnehmen wollten. Wenn er einen Ort verließ, dann gingen Spione hinter ihm her, um zu sehen, wie man ihn schwächen konnte und ihnen folgten dann die Pharisäer, die Gegenpredigten vornahmen.

In Indien, in Pakistan, in Mesopotamien, überall konntet ihr Jesus Wort finden und in manchen dieser Kulturen ist davon auch noch etwas übrig geblieben und darum haben sich daraus wieder neue Religionsgruppen gestrickt. Jesus starb nicht eines natürlichen Todes, das ist richtig! Er kam zu uns ohne etwas hinterlassen zu müssen – außer das Grabtuch von Turin, damit dieses noch Zeitzeuge für die spätere Zeit sein kann, die nun eure heutige angebrochene Neue Zeit ist.

Eure Priester und Pharisäer hatten sich immer darum viel zu schulden kommen lassen, weil sie Angst um ihre Macht verspürten. Jesus aber hatte nie Angst, und Macht wollte er nie. Er kam zu euch, um euch von unseren Himmelsebenen zu erzählen, und um euch auch zu erzählen, wie man sich zu uns rückbinden kann und wie euch Gott und die Gotte lenken. Und er hatte dafür eine ziemlich deutliche Sprache gefunden. Er wusste auch, wie er wieder heimkehrt, wenn er zu uns nach Hause kommt und davon erzählte er auch. Seine Fähigkeit zur echten Religio, zur perfekten Rückbindung zu uns, und seine deutlichen Worte an das Volk, sie wurden zu seinem Fall als Prediger. Aber nie ist er ermordet worden und nie ans Kreuz genagelt. Das Kreuz wurde von den nachfolgenden Generationen geschaffen, um euch zu zeigen, zu was ihr fähig sein könnt und um Angst vor der großen Göttlichkeit zu bekommen. Nur indem euch gesagt wurde: „Gott ist so mächtig, und wenn ihr nicht an den Gottessohn glaubt, dann ist das euer Fall“, konnten die Priester und Pharisäer nach Jesus Tod ihre kirchliche Macht wieder stärken. Und das ist auch noch heute ihre Macht, keine freigeistigen Denker – wie Jesus – haben zu wollen, der im eigentlichen Sinne ein Schamane war, der das Wissen über seine Rückbindungsmöglichkeit zu uns und sein Wissen um seine Aufgabe, und damit auch sein Wissen über unsere Engelshierarchien und unsere Christusebene verbreitete. Jesus wollte, dass sich alle Menschen so gut wie er in der Rückbindung zu uns auskennen. Er wollte damit gewährleisten, dass es keine Religionsgruppierungen mehr geben musste, sondern dass sich jeder Einzelne seinen eigenen Himmel machen und mit seinen kosmischen Ahnen und uns Engeln in Verbindung gehen konnte. Jesus wollte, dass jeder ein Freidenker wie er werden und sich in der „echten Religio“ zu uns auskennen sollte und er wollte das immer durch und für uns.

Diese Menschen – wie auch unsere Mitautorin – gibt es auch heute unter euch. Viele von ihnen haben sich wieder darin gestärkt, um mit uns in Verbindung treten zu können und auch sie sind sich ihrer Aufgabe sehr bewusst. Hört ihr sie? Stempelt ihr sie nicht auch als Verrückte ab? Ist es nicht so, dass ihr immer erst nach ihrem Tod wisst oder ahnt wer sie wirklich waren? Seht ihr ihren Glanz und werdet neidisch?

Viele Lichtarbeiter unter euch haben in den vergangenen Zeiten keinen Mut mehr gefunden, das auszusprechen, für das sie geboren wurden. Sie waren oft so sehr eingeschüchtert, dass sie nur noch ihren Mund hielten und in der Versenkung verschwanden. Wie kommt es, denkt doch mal darüber nach, dass ihr sie immer erst zu spät erkennt? Dass ihr diese Menschen erst nach Hunderten von Jahren oder mehr heilig sprecht, sie vorher aber schlecht behandelt und sie auch gequält habt und auch auf den Scheiterhaufen schicktet? Denkt daran, immer sind sie Freidenker und Rebellen. Immer sind sie bemüht, euch das Heil zu bringen. Der eine Lichtarbeiter kann das besser als der andere, weil sein Ausdruck vielleicht stärker und damit stark genug ist, auch eure Ablehnung zu ertragen, aber immer kamen sie von Geburt zu euch, um euch hilfreich zur Seite zu stehen. Ihr lehntet nicht nur Jesus ab, sondern alle Jesusse seitdem. ***Jesus war und sind viele; männlich und weiblich***!

Nun spreche ich vom nächsten Heiland, der wiedergeboren werden soll. Es ist nicht so, dass er zu eurer Strafmaßnahme kommen soll, weil ihr schon so viel Fürchterliches mit der Welt gemacht habt. Wieder soll er auf die Welt kommen – und die Lichtarbeiter haben das schon besonders eingeleitet – um euch in die Neue Zeit hinein zu helfen. Immer ist ein besonderer Lichtarbeiter dann ausgewählt und abgestellt, wenn die neue Morgenröte angebrochen ist. Dieses Mal soll es aber nicht noch einmal zu Jesus Fall kommen! Euer alter Jesus kommt, denn er hat durch seine vielen und vielfältigen Erdinkarnationen, bevor er Jesus werden durfte, viel gelernt; auch, wie man mit Ablehnung und Hass umgeht. Er wird wiedergeboren in Frankreich*. Und er wird auch dieses Mal wie-

** Auch wurde mir durchgegeben, dass sein Geburtsort in der Bretagne liegen soll. Als Channel weiß ich aber auch, dass unsere soziologischen Strukturen unserer schnelllebigen Zeit (Probleme mit dem Arbeitsplatz u.a.) es möglich machen können, dass es zu einer Verschiebung des Ortes sowie auch der Zeit seiner Geburt kommen kann. Auch Nostradamus sprach davon, dass Jesus in Frankreich wiedergeboren wird. Ich hoffe sehr, dann zu ihm – und auch zu seinen Eltern – geschickt zu werden. In bestimmte Orte (mit Namensnennung!) und zu bestimmten Menschen (die mir vorher gezeigt werden!) geschickt zu werden, damit kenne ich mich aus!*

der besonders gesegnet sein durch seine Mutter und seinen Vater. Eltern, die dem Katholizismus zugewandt sind, die aber auch davon wissen, dass es noch mehr gibt auf dieser Welt. Die auch sich, wie Jesus damalige Eltern, dafür abgestellt haben, diesem Kind ein besonderes Rebellentum zu lassen, das aber kein Rebellentum des schlechten Benehmens ist, sondern eines der Würde und des kosmischen Seins Recht zu sprechen, wenn es nötig ist.
Es wird schon bald sein, dass ihr von ihm hört, so, wie ihr jetzt auch von der ersten Erde durch dieses Buch hört.

So, nun kommen wir zum Schluss, und wir hoffen, es wird dieses Mal kein Missbrauch getrieben mit unseren Zeilen.
Viel habt ihr von uns und unseren Ebenen gehört und doch nicht genug, denn es muss noch mehr werden, aber erst einmal soll hier Schluss sein, damit ihr alles in euch herumrühren könnt und auch als zu euch zugehörig erkennt – denn in eurem tiefsten Inneren wisst ihr ja, was die Wahrheit ist und was nicht.
Gott hat diese Zeilen gesandt und wir waren dafür da, sie durchzugeben. Der Wunsch sie herunterzuladen, ist also aus dem Reiche, dem Ursprung der Gotte, entstanden. Und wir sind damit sehr einverstanden, dass es zu einer Wiederkehr einer Zeit kommen darf, die damals so schrecklich im Dunkeln verschwinden musste. Jesus ward nie mehr wiedergesehen, aber jetzt darf er wiederkommen. Und wir sagen euch: Lasst ihn dieses Mal sein richtiges Leben leben und erkennt ihn, denn er ist nie blauäugig. Und damit ihr ihn erkennt, sagen wir auch:

Seht euch das Turiner Grabtuch an!

Amen

Weitere zur Zeit erhältliche Bücher sind bei der Autorin/Verlegerin direkt zu bestellen im „Verlag LILA das göttliche Spiel“ unter der im Impressum angegebenen Telefonnummer (alle Bücher sind versandkostenfrei) oder unter der E-mail-Adresse oder im Buchhandel unter der ISBN bei Books on Demand:

„MORGENSTERN – Die Seelenalter und die Neue Zeit –“
im ch. falk Verlag erschienen, gechannelt
ISBN 3-89568-065-6
Aus der geistigen Welt wird uns erzählt, wie eine Seele auf der Erde von einer Babyseele zu einer Alten Weisen Seele heranreift, um dann für immer in ihren kosmischen Seelenfamilienverband zurückzukehren.

„www.muetter-und-vaeter-der-welt.de – Ein Aufruf! –“
Verlag LILA Das göttliche Spiel, gechannelt
ISBN 3-8311-1159-6
In diesem Buch wird uns aus der geistigen Welt erklärt, inwieweit die Entzweiung von Männern und Frauen – beginnend vom Matriarchat bis zur heutigen Zeit – auch mit der Einnahme und Ausbeutung unserer Mutter Erde zu tun hat.

„Briefe an die Weltenbürger
– Neue Vorgaben für die Neue Zeit –“
Verlag LILA Das göttliche Spiel, gechannelt
ISBN 3-00-014949-X
Erzengel und die Hüter der Erde erzählen in Briefform, wie wir zusammen mit ihnen unser Leben zu einer besseren und heilen Welt gestalten können. Dieses Buch kann man wirklich als eine „Neue Bibel für die Neue Zeit“ ansehen; dieses Mal nicht von uns, sondern vom Himmel geschrieben.

(Alle 3 genannten Bücher sind als Trilogie zu betrachten).

„ Die Reise nach Tschernobyl – Ein Schamane erzählt –"
Verlag LILA Das göttliche Spiel, gechannelt
ISBN 978–3–0001940–9–2
Ivor, ein nach der Katastrophe von Tschernobyl verstrahlter und daran verstorbener Schamane, erzählt der Autorin Jahre nach seinem Tod aus der geistigen Welt seine Lebensgeschichte – er erzählt von seinem Studium, seiner schamanischen Einweihung, seiner Liebe zu Olga und ihrem Unvermögen für immer zusammenzubleiben sowie von seiner Verstrahlung am Reaktor. Er will mit diesem Buch erklären, wie wichtig Schamanen auch heute noch für die Erhaltung der Umwelt und zur Erreichung eines heiligen Lebens für alle Menschen sind und wie unsere soziologischen Begebenheiten es ihm unmöglich machten, auf Dauer erfolgreich wirksam zu sein.

„Wighart der Ritter der Schwerter – Die Geschichte einer Seelenpartnerschaft über den Schleier hinweg –"
Verlag LILA Das göttliche Spiel, teilweise gechannelt
ISBN 978-3-00-027715-3
Dieses Buch stellt eine Besonderheit in der Literatur über Seelenpartnerschaften dar, weil es der Seelenpartner der Autorin aus der geistigen Welt mitgeschrieben hat. Er erzählt von der Entwicklung ihrer beider Seelen – von Lemuria bis zu heutigen Tag – in spannender und liebender Weise.

Von diesem Buch „Eure erste Erde ist nicht mehr...", wird es – wie bereits angekündigt – noch einen zweiten Teil geben. Wann die Durchsage dafür kommt, ist noch offen.